道路运输从业人员管理
百问百答

《道路运输从业人员管理百问百答》编写委员会 编

人民交通出版社股份有限公司

北京

内 容 提 要

本书通过问答形式，就《道路运输从业人员管理规定》(交通运输部令2022年第38号)等内容进行梳理和解读，内容包括基本情况、从业资格申请、从业资格考试、从业资格证件管理、从业资格管理档案管理、从业行为规定、道路运输服务"跨省通办"、诚信考核和继续教育、两类人员安全考核、法律责任、其他及附录十二个部分，主要介绍了道路运输从业人员管理的相关要求和相关违规行为处罚规定等。

本书可作为交通运输主管部门、交通运输综合行政执法机构、承担道路运输事务性工作的机构、道路运输经营者、道路运输行业协会等单位开展行业政策培训的教材，也可作为相关人员学习道路运输从业人员管理相关知识的辅导用书。

图书在版编目(CIP)数据

道路运输从业人员管理百问百答/《道路运输从业人员管理百问百答》编写委员会编.—北京：人民交通出版社股份有限公司，2023.11

ISBN 978-7-114-19043-8

Ⅰ.①道… Ⅱ.①道… Ⅲ.①公路运输—交通运输管理—中国—资格考试—问题解答 Ⅳ.①U491-44

中国国家版本馆 CIP 数据核字(2023)第 203632 号

书　　名：	道路运输从业人员管理百问百答
著　作　者：	《道路运输从业人员管理百问百答》编写委员会
责任编辑：	董　倩
责任校对：	孙国靖　卢　弦
责任印制：	张　凯
出版发行：	人民交通出版社股份有限公司
地　　址：	(100011)北京市朝阳区安定门外外馆斜街3号
网　　址：	http://www.ccpcl.com.cn
销售电话：	(010)59757973
总　经　销：	人民交通出版社股份有限公司发行部
经　　销：	各地新华书店
印　　刷：	北京虎彩文化传播有限公司
开　　本：	880×1230　1/32
印　　张：	4.5
字　　数：	96千
版　　次：	2023年11月　第1版
印　　次：	2023年11月　第1次印刷
书　　号：	ISBN 978-7-114-19043-8
定　　价：	45.00元

(有印刷、装订质量问题的图书，由本公司负责调换)

审定委员会

王水平　孟　秋　黄殿会　李晓峰
张行安　李文松　何广云　解晓玲

编写委员会

(按姓氏笔画排序)

王澜润	刘艳竹	刘善赞	江　繁
江云剑	李　佳	何　亮	李炳明
闵旭东	沃跃松	宋艳斌	张　皓
张孝法	张春利	陈　田	陈　鹏
金海明	周英南	袁小金	曹仁磊
崔修山	蒋　伟	程国华	谢清霞
董　倩			

前言

道路运输涉及千家万户、服务亿万群众。道路运输从业人员长期以来奋战在运输服务第一线,用付出和奉献书写了运输服务发展的辉煌,用辛勤和汗水筑就了人民满意交通的基石,是支撑运输服务高质量发展、推动交通强国建设的生力军。特别是新型冠状病毒感染疫情3年来,道路运输行业在疫情防控和运输保障中发挥了重要作用,道路运输从业人员扎根基础、服务人民、奉献社会,为疫情要防住、经济要稳住、发展要安全作出了积极贡献。

截至2022年12月底,我国现有道路运输从业人员2000余万人,其中:道路旅客运输驾驶员157万人,道路货物运输驾驶员1485万人(含道路危险货物运输驾驶员80万人),道路危险货物运输押运人员88万人。道路运输从业人员作为运输服务体系的核心要素之一,每一位道路运输从业者都事关安全、质量、诚信和秩序。近年来,交通运输部持续深化道路运输从业资格管理改革,自2006年以交通部9号令颁布《道路运输从业人员管理规定》以来,先后以2016年52号令、2019年18号令和2022年38号令进行三次修订。2022年11月10日,以交通运输部第38号令颁布了最新修订的《道路运输从业人员管理规定》,聚焦广大道路运输从业人员关切,进一步落实了"放管服"改革要求,细化实化便民减负措施,对道路运输从业人员继续教育、从业资格考试制度、信息化管理制度、高频服务事项"跨省通办"等进行了补充和完善。

为帮助各级人民政府交通运输主管部门、道路运输管理机构、交通运输综合行政执法机构和道路客货运输经营者等单位相关人员准确把握和理解道路运输从业人员管理政策及相关要求,本书编写委员会编写了《道路运输从业人员管理百问百答》,通过问答形式对《道路运输从业人员管理规定》(交通运输部令2022年第38号)等内容进行了解读。

本书在编写过程中,得到了浙江省、天津市、山西省、辽宁省、吉林省、黑龙江省、上海市、江苏省、安徽省、福建省、江西省、山东省、广东省、广西壮族自治区等省(自治区、直辖市)交通运输主管部门及道路运输管理机构,交通运输部公路科学研究院、中国交通通信信息中心、北京国交安驾文化传播有限公司等单位有关专家的大力支持和帮助,其间交通运输部运输服务司及相关行业专家也提出了许多宝贵的意见和建议,在此表示真诚的感谢。

由于编者水平有限,书中难免有疏漏之处,敬请广大读者批评指正。

编写委员会
2023年6月

第一章 基本情况

1. 《道路运输从业人员管理规定》的修订背景是什么？ …… 002
2. 《道路运输从业人员管理规定》的主要修订内容有哪些？ …… 002
3. 《道路运输从业人员管理规定》的制定目的和依据是什么？ …… 003
4. 从业人员有哪些类别？ …… 004
5. 交通运输部门关于道路运输从业人员管理的职责有哪些？ …… 005
6. 从业资格是什么？ …… 005
7. 从业资格证件是什么？ …… 006
8. 从业资格证件有哪些类别？ …… 007
9. 与道路运输从业人员管理相关的法律法规、部门规章有哪些？ …… 007

第二章 从业资格申请

10. 经营性道路旅客运输驾驶员应当具备哪些条件？ …… 010
11. 申请参加经营性道路旅客运输驾驶员从业资格考试,需要提交哪些材料？ …… 010

12. 申请参加经营性道路旅客运输驾驶员从业资格考试,需要
参加培训吗? ………………………………………… 011
13. 经营性道路货物运输驾驶员应当具备哪些条件? ……… 011
14. 经营性道路货物运输驾驶员从业资格证件取消
了吗? ……………………………………………………… 011
15. 申领经营性道路货物运输驾驶员从业资格证件,需要
提交哪些材料? …………………………………………… 012
16. 经营性道路货物运输驾驶员包含哪几类? ……………… 012
17. 总质量 4500 千克及以下冷藏车驾驶员,需要办理从业
资格证件吗? ……………………………………………… 013
18. 道路危险货物运输驾驶员应当具备哪些条件? ………… 013
19. 申请参加道路危险货物运输驾驶员从业资格考试,需要
提交哪些材料? …………………………………………… 014
20. 申请参加道路危险货物运输驾驶员从业资格考试,需要
参加培训吗? ……………………………………………… 015
21. 总质量 4500 千克及以下普通货运车辆驾驶员,可以申请
参加道路危险货物运输驾驶员从业资格考试吗? ……… 015
22. 经营性道路货物运输驾驶员从业资格证件已过期,可以
直接申请参加道路危险货物运输驾驶员从业资格
考试吗? …………………………………………………… 016
23. 道路危险货物运输装卸管理人员和押运人员应当具备
哪些条件? ………………………………………………… 016
24. 申请参加道路危险货物运输装卸管理人员和押运人员
从业资格考试,需要提交哪些材料? …………………… 017
25. 如何取得 3 年内无重大以上交通责任事故证明? 驾龄
不满 3 年怎么办? ………………………………………… 017
26. 非户籍地驾驶员申请参加从业资格考试时,需要提供
暂住地证明吗? …………………………………………… 017

27. 申请道路运输驾驶员从业资格培训业务,应当具备哪些条件? ……………………………………………………… 018

第三章 从业资格考试

28. 从业资格考试的组织要求有哪些? ………………… 022
29. 从业资格考试的开展方式和合格标准是什么? …… 022
30. 从业资格考试大纲有哪些? ………………………… 023
31. 从业资格考试成绩的公布时间是多久? …………… 023
32. 从业资格考试成绩的有效期是多长? ……………… 023
33. 从业资格考试通过后,多久可以取得从业资格证件? … 023
34. 从业资格考试中存在作弊行为的,如何处罚? …… 024

第四章 从业资格证件管理

35. 从业资格证件与机动车驾驶证可以互换吗? ……… 026
36. 从业资格证件的样式是什么? ……………………… 026
37. 从业资格证件全国通用吗? ………………………… 026
38. 如何发放和管理从业资格证件? …………………… 027
39. 从业资格证件线上办理可实现的事项有哪些? …… 027
40. 从业资格证件业务的线上办理渠道有哪些? ……… 027
41. 如何申请增加其他从业资格类别? ………………… 028
42. 如何信息化管理从业资格证件? …………………… 028
43. 从业资格证件的有效期是多久? …………………… 028
44. 从业资格证件需要年审吗? ………………………… 029
45. 如何查询、辨别从业资格证件真伪? ……………… 029
46. 如何办理从业资格证件换证手续? ………………… 029
47. 从业资格证件逾期后可以换证吗? ………………… 029

48. 从业资格证件超期180日后可以恢复吗? ……………… 030
49. 如何办理从业资格证件补发手续? ………………………… 030
50. 从业资格证件遗失后需要登报吗? ………………………… 031
51. 如何办理从业资格证件变更手续? ………………………… 031
52. 从业人员驾驶证准驾车型发生变化时,需要更换从业资格证件吗? …………………………………………………… 031
53. 从业资格证件会被注销的情形有哪些? ………………… 032
54. 机动车驾驶证被注销或被吊销后,从业资格证件会被注销吗? …………………………………………………… 032

第五章　从业资格管理档案管理

55. 从业资格管理档案包括哪些内容? ………………………… 034
56. 从业人员如何申请转籍? …………………………………… 035
57. 从业人员转籍需要调转原有纸质档案吗? ……………… 035
58. 从业人员违反相关从业资格管理规定且尚未接受处罚的,如何办理相关业务? ………………………………… 036
59. 道路运输驾驶员跨省转籍后首次建立的从业资格管理档案包括哪些材料? ……………………………………… 036

第六章　从业行为规定

60. 道路运输从业人员有哪些从业要求? ……………………… 038
61. 道路运输驾驶员有哪些驾驶要求? ………………………… 038
62. 如何记录道路运输从业人员道路运输违法行为? ……… 039
63. 行车日志的主要内容是什么? ……………………………… 039
64. 道路危险货物运输驾驶员可以从事道路客货运输经营活动吗? …………………………………………………… 040

65. 道路危险货物运输从业人员有哪些专门的从业
要求? ………………………………………………… 040
66. 道路危险货物运输过程遇突发事件应如何应急
处置? ………………………………………………… 041

第七章　道路运输服务"跨省通办"

67. 从业资格证件"跨省通办"是什么? ……………… 044
68. 道路运输服务"跨省通办"可实现的事项有哪些? … 044
69. 道路运输服务"跨省通办"办理渠道有哪些? …… 044
70. 如何领取"跨省通办"业务办理结果? …………… 045

第八章　诚信考核和继续教育

71. 《道路运输驾驶员诚信考核办法》的发布背景
是什么? ……………………………………………… 048
72. 《道路运输驾驶员诚信考核办法》的主要内容有哪些? …… 048
73. 诚信考核内容有哪些? ……………………………… 049
74. 诚信档案内容有哪些? ……………………………… 049
75. 诚信考核周期是多久? ……………………………… 050
76. 诚信考核计分分值有哪些? ………………………… 051
77. 诚信考核等级有哪些? ……………………………… 051
78. 如何评定诚信考核等级? …………………………… 051
79. 如何确定诚信考核初始等级? ……………………… 052
80. 如何查询诚信考核结果? …………………………… 052
81. 诚信考核结果有哪些用处? ………………………… 052
82. 诚信考核不合格的,应如何参加继续教育? ……… 053
83. 诚信考核不合格的,如何恢复诚信考核等级? …… 054

84. 在本次诚信考核改革之前,未按规定时间参加诚信考核的,需要重新参加从业资格考试吗? ……… 054
85. 诚信考核需要线下签注吗? ……………………… 054
86. 对诚信考核结果有异议的怎么办? ……………… 054
87. 诚信考核是按照从业资格类别评价的吗? ……… 055
88. 《道路运输驾驶员继续教育办法》废止了吗? … 055
89. 道路运输驾驶员还需要参加两年一次的继续教育吗? …………………………………………… 055

第九章 两类人员安全考核

90. 两类人员是指哪些人员? ………………………… 058
91. 两类人员安全考核的依据是什么? ……………… 058
92. 两类人员安全考核收费吗? ……………………… 059
93. 两类人员安全考核的要求有哪些? ……………… 059
94. 两类人员安全考核的内容和方式包括哪些? …… 060
95. 两类人员安全考核合格证明有效期是多久? …… 061
96. 两类人员未按照规定参加考核的,如何处罚? … 061

第十章 法律责任

97. 未按规定取得或使用相应从业资格证件从事道路运输服务的,如何处罚? ……………………… 064
98. 未按规定取得或使用相应从业资格证件从事危险货物运输服务的,如何处罚? ………………… 064

第十一章 其他

99. 出租汽车驾驶员适用道路运输从业人员管理范畴吗？ ········· 066
100. 城市公交驾驶员需要取得从业资格证件吗？ ············ 067
101. 城市轨道交通列车司机等需要取得从业资格证件吗？ ············ 067

附录

附录1 中华人民共和国道路运输条例 ············ 070
附录2 交通运输部关于修改《道路运输从业人员管理规定》的决定(交通运输部令2022年第38号) ······ 088
附录3 道路运输驾驶员诚信考核办法(交运规〔2022〕6号) ············ 114
附录4 交通运输部办公厅 公安部办公厅关于推进道路货物运输驾驶员从业资格管理改革的通知(交办运〔2023〕35号) ············ 124

Chapter 1

第一章 基本情况

1 《道路运输从业人员管理规定》的修订背景是什么？

《道路运输从业人员管理规定》于 2006 年颁布，在 2016 年、2019 年进行了两次局部修订，对道路运输驾驶员、机动车维修人员、机动车驾驶培训教练员等道路运输从业人员的从业条件、考试、发证、从业行为进行了系统规范。2022 年第三次修订是为进一步落实"放管服"改革要求，细化实化便民减负措施，对道路运输从业人员继续教育、从业资格考试制度、信息化管理制度、高频服务事项"跨省通办"等制度和工作规范作出了相应补充和完善。

2 《道路运输从业人员管理规定》的主要修订内容有哪些？

《道路运输从业人员管理规定》（交通运输部令 2022 年第 38 号）分为 6 章，共 53 条，修订的主要内容包括以下四个方面。

(1) 调整从业人员继续教育范围。将经营性道路客货运输驾驶员、道路危险货物运输驾驶员继续教育"全覆盖"制度，调整为仅要求诚信考核不合格（等级为 B 级）的驾驶员参加继续教育，其他考核等次的驾驶员可不参加继续教育，进而减轻驾驶员负担。

(2) 加强对道路运输企业主要负责人和安全生产管理人员的管理。依据 2021 年修订的《中华人民共和国安全生产法》，将道路运输企业的主要负责人和安全生产管理人员（简称两类人员)纳入调整范畴,明确了对两类人员的知识、能力及考核要求。

(3)落实"放管服"改革要求,进一步便利相对人。一是优化从业资格考试工作。将从业资格考试由定期组织调整为根据申请人申请组织,考试成绩公布时限和颁发资格证时限均由10个工作日压减至5个工作日,并要求现场公布计算机考试成绩,推进考试更加快捷、灵活、便利。二是补充完善使用总质量4500千克及以下道路危险货物运输车辆的驾驶员的准入制度。取得道路旅客或者普通货物运输驾驶员从业资格2年以上是道路危险货物运输驾驶员的准入条件之一,但因为使用总质量4500千克及以下普通货物运输车辆的驾驶员(以下简称4500千克及以下普通货运车辆驾驶员)从业资格许可已取消,由此可能导致部分人员无法满足道路危险货物运输驾驶员的准入条件。为解决实际问题,补充规定4500千克及以下普通货运车辆驾驶员可直接申请道路危险货物运输驾驶员从业资格。三是优化从业资格相关管理制度。推行证件电子化、管理信息化,推进管理数据共享,实现高频服务事项"跨省通办",让数据多跑路、群众少跑腿,提升服务效能。

(4)落实不合理罚款清理要求,降低对普通货物运输驾驶员的罚款额度。根据国务院不合理罚款清理工作部署要求,降低了对普通货物运输驾驶员无证经营的罚款数额。

3 《道路运输从业人员管理规定》的制定目的和依据是什么?

《道路运输从业人员管理规定》的制定目的是加强道路运输从业人员管理,提高道路运输从业人员职业素质。道路运输从业人员是交通运输市场的参与者、交通运输服务的提供者、交通运输安全的保障者,事关安全、质量、诚信和秩序。《道路运输从业人员管理规定》建立了道路运输从业资格管理基本制度,充分发挥从业资格制度作用,严把道路运输安全关键岗位从业人员准入关、从业行为规范关,不断提高从业人员的专业水平和职业素养,特别是在保安全、促环保等方面发挥作用,为打造素质优良的交通劳动者大军作出应有贡献。

《道路运输从业人员管理规定》的制定依据包括《中华人民共和国安全生产法》《中华人民共和国道路运输条例》《危险化学品安全管理条例》以及有关法律、行政法规。

4 从业人员有哪些类别?

《道路运输从业人员管理规定》第二条第一款规定,道路运输从业人员是指经营性道路客货运输驾驶员、道路危险货物运输从业人员、机动车维修技术技能人员、机动车驾驶培训教练员、道路运输企业主要负责人和安全生产管理人员、其他道路运输从业人员。

其中,经营性道路客货运输驾驶员包括经营性道路旅客运输驾驶员和经营性道路货物运输驾驶员。道路危险货物运输从业人员包括道路危险货物运输驾驶员、装卸管理人员和押运人员。

机动车维修技术技能人员包括机动车维修技术负责人员、质量检验人员以及从事机修、电器、钣金、涂漆、车辆技术评估(含检测)作业的技术技能人员。

机动车驾驶培训教练员包括理论教练员、驾驶操作教练员、道路客货运输驾驶员从业资格培训教练员和危险货物运输驾驶员从业资格培训教练员。

其他道路运输从业人员是指除上述人员以外的道路运输从业人员,包括道路客运乘务员、机动车驾驶员培训机构教学负责人及结业考核人员、机动车维修企业价格结算员及业务接待员。

5 交通运输部门关于道路运输从业人员管理的职责有哪些?

《道路运输从业人员管理规定》第五条规定,交通运输部负责全国道路运输从业人员管理工作。县级以上地方交通运输主管部门负责本行政区域内的道路运输从业人员管理工作。

根据新修订的《中华人民共和国道路运输条例》,除口岸国际道路运输管理机构仍然保留之外,其他所有"道路运输管理机构"已统一修改为"交通运输主管部门"。对此,《道路运输从业人员管理规定》将第五条第二款修改为"县级以上地方交通运输主管部门负责本行政区域内的道路运输从业人员管理工作",并删去了第三款(县级以上道路运输管理机构具体负责本行政区域内经营性道路客货运输驾驶员、机动车维修技术人员、机动车驾驶培训教练员、道路运输经理人和其他道路运输从业人员的管理工作)。

6 从业资格是什么?

从业资格是对道路运输从业人员所从事的特定岗位职业素

质的基本评价。《道路运输从业人员管理规定》第六条规定，经营性道路客货运输驾驶员和道路危险货物运输从业人员必须取得相应从业资格，方可从事相应的道路运输活动。其中，经营性道路旅客运输驾驶员应掌握相关道路旅客运输法规、机动车维修和旅客急救基本知识；经营性道路货物运输驾驶员应掌握相关道路货物运输法规、机动车维修和货物装载保管基本知识；道路危险货物运输驾驶员、装卸管理人员和押运人员应接受相关法规、安全知识、专业技术、职业卫生防护和应急救援知识的培训，了解危险货物性质、危害特征、包装容器的使用特性和发生意外时的应急措施等。

根据人力资源和社会保障部公布的《国家职业资格目录（2021年版）》，危险货物道路运输从业人员、放射性物品道路运输从业人员、经营性客运驾驶员、经营性货运驾驶员等涉及人员资格的行政许可事项，作为准入类技能人员职业资格纳入了目录。

7 从业资格证件是什么？

道路运输从业人员从业资格证件是指道路运输从业人员具备相应从业资格的证件。《道路运输从业人员管理规定》第六条规定，国家对经营性道路客货运输驾驶员、道路危险货物运输从业人员实行从业资格考试制度。符合条件的经营性道路旅客运输驾驶员、道路危险货物运输从业人员，经考试合格后，取得相应的《中华人民共和国道路运输从业人员从业资格证》。

8　从业资格证件有哪些类别？

道路运输从业人员从业资格证件主要包括经营性道路旅客运输驾驶员、经营性道路货物运输驾驶员，以及道路危险货物运输驾驶员、道路危险货物运输装卸管理人员和道路危险货物运输押运人员等从业资格证件。

9　与道路运输从业人员管理相关的法律法规、部门规章有哪些？

法律法规主要包括：《中华人民共和国安全生产法》《中华人民共和国道路交通安全法》《中华人民共和国道路交通安全法实施条例》《中华人民共和国道路运输条例》《危险化学品安全管理条例》《放射性物品运输安全管理条例》等。

部门规章主要包括：《道路运输从业人员管理规定》（交通运输部令2022年第38号）、《道路旅客运输及客运站管理规定》（交通运输部令2022年第33号）、《道路货物运输及站场管理规定》（交通运输部令2022年第30号）、《道路危险货物运输管理规定》（交通运输部令2019年第42号）、《危险货物道路运输安全管理办法》（交通运输部 工业和信息化部 公安部 生态环境部 应急管理部 国家市场监督管理总局令2019年第29号）、《放射性物品道路运输管理规定》（交通运输部令2016年第71号）、《机动车维修管理规定》（交通运输部令2021年第18号）、《机动车驾驶员培训管理规定》（交通运输部令2022年第32号）。

规范性文件主要包括：《道路运输驾驶员诚信考核办法》（交

运规〔2022〕6号)、《交通运输部关于印发〈道路运输企业主要负责人和安全生产管理人员安全考核管理办法〉〈道路运输企业主要负责人和安全生产管理人员安全考核大纲〉的通知》(交运规〔2019〕6号)等。

Chapter 2

第二章 从业资格申请

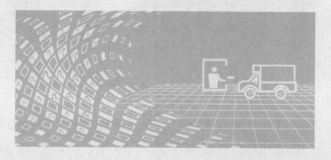

10 经营性道路旅客运输驾驶员应当具备哪些条件？

《道路运输从业人员管理规定》第九条规定，经营性道路旅客运输驾驶员应当符合下列条件：

(1) 取得相应的机动车驾驶证1年以上；

(2) 年龄不超过60周岁；

(3) 3年内无重大以上交通责任事故；

(4) 掌握相关道路旅客运输法规、机动车维修和旅客急救基本知识；

(5) 经考试合格，取得相应的从业资格证件。

11 申请参加经营性道路旅客运输驾驶员从业资格考试，需要提交哪些材料？

《道路运输从业人员管理规定》第十五条规定，申请参加经营性道路旅客运输驾驶员从业资格考试的人员，应当向其户籍地或者暂住地设区的市级交通运输主管部门提出申请，填写《经营性道路客货运输驾驶员从业资格考试申请表》，并提供下列材料：

(1) 身份证明；

(2) 机动车驾驶证；

(3) 道路交通安全主管部门出具的3年内无重大以上交通责任事故记录证明。

12 申请参加经营性道路旅客运输驾驶员从业资格考试，需要参加培训吗？

没有强制培训的要求。

13 经营性道路货物运输驾驶员应当具备哪些条件？

《道路运输从业人员管理规定》第十条规定，经营性道路货物运输驾驶员应当符合下列条件：

（1）取得相应的机动车驾驶证；

（2）年龄不超过60周岁；

（3）掌握相关道路货物运输法规、机动车维修和货物装载保管基本知识；

（4）经考试合格，取得相应的从业资格证件。

需要说明的是，根据2023年6月30日印发的《交通运输部办公厅 公安部办公厅关于推进道路货物运输驾驶员从业资格管理改革的通知》（交办运〔2023〕35号）的规定，申请经营性道路货物运输驾驶员从业资格证件的人员，不再需要参加从业资格考试，可凭相应准驾车型（A1、A2和B2）的机动车驾驶证到当地交通运输主管部门申领从业资格证件。

14 经营性道路货物运输驾驶员从业资格证件取消了吗？

未取消。按照现行法规规章要求，取得经营性道路货物运输驾驶员从业资格证件是从事道路货物运输驾驶服务的前提条件（从事4500千克及以下普通货运车辆运营活动的驾驶员除外）。《道路运输从业人员管理规定》第四十六条规定，未取得从业资格证件驾驶道路货物运输车辆的，由县级以上交通运输主管部门责令改正，处200元罚款。

15 申领经营性道路货物运输驾驶员从业资格证件，需要提交哪些材料？

根据《交通运输部办公厅 公安部办公厅关于推进道路货物运输驾驶员从业资格管理改革的通知》（交办运〔2023〕35号）的规定，申领经营性道路货物运输驾驶员从业资格证件的人员，可以在当地政务服务大厅或互联网道路运输便民政务服务系统网站等线上办理渠道提交身份证、机动车驾驶证等相关证明材料，当地交通运输主管部门可以参照《道路运输从业人员管理规定》要求的时间，在5日内完成审核，并向通过审核的驾驶员颁发经营性道路货物运输驾驶员从业资格证件。

16 经营性道路货物运输驾驶员包含哪几类？

经营性道路货物运输驾驶员包括从事道路普通货运、道路货物专用运输、道路大型物件运输的驾驶员群体，不包括从事危险货物运输的驾驶员。

17 总质量4500千克及以下冷藏车驾驶员,需要办理从业资格证件吗?

不需要。2018年5月16日,国务院常务会议明确"取消4.5吨及以下普通货运从业资格证和车辆营运证"。根据《交通运输部办公厅关于取消总质量4.5吨及以下普通货运车辆道路运输证和驾驶员从业资格证的通知》(交办运函〔2018〕2052号)的规定,自2019年1月1日起,对于使用总质量4500千克及以下普通货运车辆从事普通货物运输活动的,各地交通运输管理部门不得对该类车辆、驾驶员以"无证经营"和"未取得相应从业资格证件,驾驶道路客货运输车辆"为由实施行政处罚。为此,使用总质量4500千克及以下冷藏车从事道路货物运输经营的驾驶员,无须办理从业资格证件。

18 道路危险货物运输驾驶员应当具备哪些条件?

《道路运输从业人员管理规定》第十一条规定,道路危险货物运输驾驶员应当符合下列条件:

(1)取得相应的机动车驾驶证;
(2)年龄不超过60周岁;
(3)3年内无重大以上交通责任事故;
(4)取得经营性道路旅客运输或者货物运输驾驶员从业资格2年以上或者接受全日制驾驶职业教育的;
(5)接受相关法规、安全知识、专业技术、职业卫生防护和应急救援知识的培训,了解危险货物性质、危害特征、包装容器的使用特性和发生意外时的应急措施;

(6)经考试合格,取得相应的从业资格证件。

从事4500千克及以下普通货运车辆运营活动的驾驶员,申请从事道路危险货物运输的,应当符合前款第(1)(2)(3)(5)(6)项规定的条件。

需要指出的是,《道路危险货物运输管理规定》第八条规定,从事剧毒化学品、爆炸品道路运输的驾驶员、装卸管理人员、押运人员,应当经考试合格,取得注明为"剧毒化学品运输"或者"爆炸品运输"类别的从业资格证件。《放射性物品道路运输管理规定》第七条规定,从事放射性物品道路运输的驾驶员、装卸管理人员、押运人员经所在地设区的市级人民政府交通运输主管部门考试合格,取得注明从业资格类别为"放射性物品道路运输"的道路运输从业资格证件。

19 申请参加道路危险货物运输驾驶员从业资格考试,需要提交哪些材料?

《道路运输从业人员管理规定》第十六条规定,申请参加道路危险货物运输驾驶员从业资格考试的,应当向其户籍地或者暂住地设区的市级交通运输主管部门提出申请,填写《道路危险货物运输从业人员从业资格考试申请表》,并提供下列材料:

(1)身份证明;

(2)机动车驾驶证;

(3)道路旅客运输驾驶员从业资格证件或者道路货物运输驾驶员从业资格证件或者全日制驾驶职业教育学籍证明(从事4500千克及以下普通货运车辆运营活动的驾驶员除外);

(4)相关培训证明;

(5)道路交通安全主管部门出具的3年内无重大以上交通责

任事故记录证明。

20. 申请参加道路危险货物运输驾驶员从业资格考试，需要参加培训吗？

需要。《道路运输从业人员管理规定》第十一条第五项规定，道路危险货物运输驾驶员应当接受相关法规、安全知识、专业技术、职业卫生防护和应急救援知识的培训，了解危险货物性质、危害特征、包装容器的使用特性和发生意外时的应急措施。

21. 总质量4500千克及以下普通货运车辆驾驶员，可以申请参加道路危险货物运输驾驶员从业资格考试吗？

可以。《道路运输从业人员管理规定》第十一条第二款规定，从事4500千克及以下普通货运车辆运营活动的驾驶员，申请从事道路危险货物运输的，应当符合第一款中第（1）（2）（3）（5）（6）项规定的条件。

考虑到已取消从事4500千克及以下普通货运车辆运营活动的驾驶员的从业资格证件，《道路运输从业人员管理规定》豁免了原有"取得经营性道路旅客运输或者货物运输驾驶员从业资格2年以上或者接受全日制驾驶职业教育"的要求。需要说明的是，仅允许持有小型汽车及以下准驾车型（一般为C类驾驶证，对应驾驶4500千克及以下普通货运车辆）的驾驶员直接申请参加道路危险货物运输驾驶员从业资格考试。对于其他准驾车型群体，仍然需要符合"取得经营性道路旅客运输或者货物运输驾驶员从业资格2年以上"的条件。

22. 经营性道路货物运输驾驶员从业资格证件已过期，可以直接申请参加道路危险货物运输驾驶员从业资格考试吗？

不可以。《道路运输从业人员管理规定》第十一条规定，道路危险货物运输驾驶员应当取得经营性道路旅客运输或者货物运输驾驶员从业资格2年以上。如果驾驶员的经营性道路货物运输驾驶员从业资格证件已过期（失效），即不再具备此条件。

如果驾驶员原来持有的经营性道路旅客运输驾驶员或者道路货物运输驾驶员从业资格证件满2年并已被注销的，待其重新取得从业资格证件后，可以按照符合要求（取得相应从业资格满2年）予以办理。从事4500千克及以下普通货运车辆运营活动的驾驶员，按照相关政策办理。

23. 道路危险货物运输装卸管理人员和押运人员应当具备哪些条件？

《道路运输从业人员管理规定》第十二条规定，道路危险货物运输装卸管理人员和押运人员应当符合下列条件：

（1）年龄不超过60周岁；

（2）初中以上学历；

（3）接受相关法规、安全知识、专业技术、职业卫生防护和应急救援知识的培训，了解危险货物性质、危害特征、包装容器的使用特性和发生意外时的应急措施；

（4）经考试合格，取得相应的从业资格证件。

第二章 从业资格申请

24 申请参加道路危险货物运输装卸管理人员和押运人员从业资格考试，需要提交哪些材料？

《道路运输从业人员管理规定》第十七条规定，申请参加道路危险货物运输装卸管理人员和押运人员从业资格考试的，应当向其户籍地或者暂住地设区的市级交通运输主管部门提出申请，填写《道路危险货物运输从业人员从业资格考试申请表》，并提供下列材料：

（1）身份证明；
（2）学历证明；
（3）相关培训证明。

25 如何取得3年内无重大以上交通责任事故证明？驾龄不满3年怎么办？

可以向机动车驾驶证核发地的公安机关交通管理部门或通过交管12123App等方式申请3年内无重大以上交通责任事故证明。

经营性道路旅客运输驾驶员或道路危险货物运输驾驶员驾龄满3年的，需提供近3年无重大以上交通责任事故证明；驾龄不满3年的，仅需提供自初次申领驾驶证日期起无重大以上交通责任事故记录证明。

26 非户籍地驾驶员申请参加从业资格考试时，需要提供暂住地证明吗？

需要。申请参加从业资格考试，应当向其户籍所在地或者暂住地设区的市级交通运输主管部门提出申请。对于非户籍地的,可以凭公安机关核发的居住证或者暂住证等进行办理。

申请道路运输驾驶员从业资格培训业务,应当具备哪些条件?

道路运输驾驶员从业资格培训属于机动车驾驶员培训业务。《机动车驾驶员培训管理规定》第六条规定,机动车驾驶员培训依据经营项目、培训能力和培训内容实行分类备案。机动车驾驶员培训业务根据经营项目分为普通机动车驾驶员培训、道路运输驾驶员从业资格培训和机动车驾驶员培训教练场经营三类。道路运输驾驶员从业资格培训根据培训内容分为道路客货运输驾驶员从业资格培训和危险货物运输驾驶员从业资格培训两类。第八条规定,从事经营性道路旅客运输驾驶员、经营性道路货物运输驾驶员从业资格培训业务的,备案为道路客货运输驾驶员从业资格培训;从事道路危险货物运输驾驶员从业资格培训业务的,备案为危险货物运输驾驶员从业资格培训。

《机动车驾驶员培训管理规定》第十一条规定,从事道路运输驾驶员从业资格培训业务的,应当具备下列条件:

(1)取得企业法人资格。

(2)有健全的组织机构。

包括教学、教练员、学员、质量、安全和设施设备管理等组织机构,并明确负责人、管理人员、教练员和其他人员的岗位职责。具体要求按照有关国家标准执行。

(3)有健全的管理制度。

包括安全管理制度、教练员管理制度、学员管理制度、培训质量管理制度、教学车辆管理制度、教学设施设备管理制度、教练场地管理制度、档案管理制度等。具体要求按照有关国家标准执行。

(4)有与培训业务相适应的教学车辆。

①从事道路客货运输驾驶员从业资格培训业务的,应当同时具备大型客车、城市公交车、中型客车、小型汽车、小型自动挡汽车等5种车型中至少1种车型的教学车辆和重型牵引挂车、大型货车等2种车型中至少1种车型的教学车辆。

②从事危险货物运输驾驶员从业资格培训业务的,应当具备重型牵引挂车、大型货车等2种车型中至少1种车型的教学车辆。

③所配备的教学车辆不少于5辆,且每种车型教学车辆不少于2辆。教学车辆具体要求按照有关国家标准执行。

(5)有与培训业务相适应的教学人员。

①从事道路客货运输驾驶员从业资格理论知识培训的,教练员应当持有机动车驾驶证,具有汽车及相关专业大专以上学历或者汽车及相关专业高级以上技术职称,具有2年以上安全驾驶经历,熟悉道路交通安全法规、驾驶理论、旅客运输法规、货物运输法规以及机动车维修、货物装卸保管和旅客急救等相关知识,了解教育学、教育心理学的基本教学知识,具备编写教案、规范讲解的授课能力,具有2年以上从事普通机动车驾驶员培训的教学经历,且近2年无不良的教学记录。从事应用能力教学的,还应当具有相应车型的驾驶经历,熟悉机动车安全检视、伤员急救、危险源辨识与防御性驾驶以及节能驾驶的相关知识,具备相应的教学能力。

②从事危险货物运输驾驶员从业资格理论知识培训的,教练员应当持有机动车驾驶证,具有化工及相关专业大专以上学历或者化工及相关专业高级以上技术职称,具有2年以上安全驾驶经

历,熟悉道路交通安全法规、驾驶理论、危险货物运输法规、危险化学品特性、包装容器使用方法、职业安全防护和应急救援等知识,具备相应的授课能力,具有 2 年以上化工及相关专业的教学经历,且近 2 年无不良的教学记录。从事应用能力教学的,还应当具有相应车型的驾驶经历,熟悉机动车安全检视、伤员急救、危险源辨识与防御性驾驶以及节能驾驶的相关知识,具备相应的教学能力。

③所配备教练员的数量应不低于教学车辆的数量。

(6)有必要的教学设施、设备和场地。

①配备相应车型的教练场地,机动车构造、机动车维护、常见故障诊断和排除、货物装卸保管、医学救护、消防器材等教学设施、设备和专用场地。教练场地要求按照有关国家标准执行。

②从事危险货物运输驾驶员从业资格培训业务的,还应当同时配备常见危险化学品样本、包装容器、教学挂图、危险化学品实验室等设施、设备和专用场地。

Chapter 3

第三章 从业资格考试

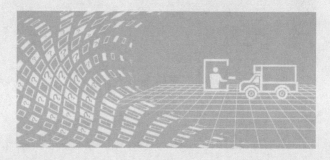

28 从业资格考试的组织要求有哪些？

《道路运输从业人员管理规定》第七条规定，道路运输从业人员从业资格考试应当按照交通运输部编制的考试大纲、考试题库、考核标准、考试工作规范和程序组织实施。

《道路运输从业人员管理规定》第八条规定，经营性道路旅客运输驾驶员、道路危险货物运输从业人员从业资格考试，由设区的市级交通运输主管部门组织实施。

《道路运输从业人员管理规定》第十八条规定，交通运输主管部门对符合申请条件的申请人应当在受理考试申请之日起30日内安排考试。

29 从业资格考试的开展方式和合格标准是什么？

理论考试可通过计算机考试或者纸质试卷考试的方式进行；应用能力考核采用申请人单独操作与考核员提问相结合的方式进行。

对于经营性道路旅客运输驾驶员，理论考试和应用能力考核两个科目满分均为100分，成绩均达到80分及以上为合格。

对于道路危险货物运输从业人员，从业资格考试为理论知识考试，满分100分，考试成绩达到90分及以上为合格。

30 从业资格考试大纲有哪些？

为做好道运输从业人员从业资格考试和培训工作，提高道路运输从业人员素质，交通运输部于 2012 年 12 月 27 日发布了《交通运输部关于印发道路旅客运输驾驶员和道路货物运输驾驶员从业资格培训教学大纲的通知》；于 2014 年 6 月 29 日发布了《交通运输部办公厅关于印发道路危险货物运输从业人员从业资格考试大纲、培训教学大纲和培训教学计划的通知》（交办运〔2014〕131 号）。

31 从业资格考试成绩的公布时间是多久？

《道路运输从业人员管理规定》第十九条规定，交通运输主管部门应当在考试结束 5 日内公布考试成绩。实施计算机考试的，应当现场公布考试成绩。

32 从业资格考试成绩的有效期是多长？

《道路运输从业人员管理规定》第二十条规定，道路运输从业人员从业资格考试成绩有效期为 1 年，考试成绩逾期作废。

33 从业资格考试通过后，多久可以取得从业资格证件？

《道路运输从业人员管理规定》第十九条规定，交通运输主管部门对考试合格人员，应当自公布考试成绩之日起 5 日内颁发相应的道路运输从业人员从业资格证件。

34 从业资格考试中存在作弊行为的,如何处罚?

《道路运输从业人员管理规定》第二十一条规定,申请人在从业资格考试中有舞弊行为的,取消当次考试资格,考试成绩无效。

Chapter 4

第四章　从业资格证件管理

35 从业资格证件与机动车驾驶证可以互换吗？

不可以。根据《中华人民共和国道路运输条例》《道路运输从业人员管理规定》的规定，国家对经营性道路旅客运输驾驶员、道路危险货物运输从业人员实行从业资格考试准入制度，通过考试人员可申领相应从业资格证件；经营性道路货物运输驾驶员只要持有相应车型驾驶证，且满足申领条件，可直接申领相应从业资格证件。

道路运输从业人员从业资格证件与机动车驾驶证是两种不同类型的证件，其中从业资格证件是由各级交通运输主管部门核发的证件，驾驶证是由各级公安交通管理部门核发的证件，二者不可互换。

36 从业资格证件的样式是什么？

从业资格证件的名称为《中华人民共和国道路运输从业人员从业资格证》，其式样见附录2中的附件3。

从业资格证件分为纸质证件和电子证件两种，它们具有同等效力。目前，交通运输部积极拓展电子证照便民服务应用场景，进一步提高电子证照申领、持证、亮证、查询、跨省查验等服务便捷度，各地应按照交通运输部统一部署加快推广应用电子证照，方便驾驶员从业。

37 从业资格证件全国通用吗？

《道路运输从业人员管理规定》第二十五条规定，道路运输从业人员从业资格证件全国通用。

38 如何发放和管理从业资格证件？

《道路运输从业人员管理规定》第二十七条规定，道路运输从业人员从业资格证件由交通运输部统一印制并编号。经营性道路客货运输驾驶员、道路危险货物运输从业人员从业资格证件由设区的市级交通运输主管部门发放和管理。

经营性道路旅客运输驾驶员、道路危险货物运输从业人员经考试合格后，可申领取得道路运输从业人员从业资格证件；经营性道路货物运输驾驶员持相应驾驶证，经申领批准后，取得从业资格证件。

39 从业资格证件线上办理可实现的事项有哪些？

从业资格证件线上办理可实现的事项有：
（1）道路货物运输驾驶员从业资格证件申领；
（2）道路运输从业人员从业资格证件补发、换发、变更、注销等；
（3）道路运输驾驶员诚信考核。

40 从业资格证件业务的线上办理渠道有哪些？

从业资格证件业务的线上办理渠道主要有：
（1）交通运输部微信公众号"道路运政一网通办"栏目；
（2）"道路运政一网通办"微信小程序；
（3）"道运通"手机 App；
（4）互联网道路运输便民政务服务系统网站（https://ysfw.mot.gov.cn）；

(5)国家(或省市各级)政务服务平台;
(6)各地交通运输主管部门发布的官方网上办理渠道等。

41 如何申请增加其他从业资格类别?

《道路运输从业人员管理规定》第二十六条规定,已获得从业资格证件的人员需要增加相应从业资格类别的,应当向原发证机关提出申请,并按照规定参加相应培训和考试。

道路运输从业人员不可以在异地申请增加其他从业资格类别。

42 如何信息化管理从业资格证件?

《道路运输从业人员管理规定》第二十八条规定,交通运输主管部门应当建立道路运输从业人员从业资格证件管理数据库,推广使用从业资格电子证件。交通运输主管部门应当结合道路运输从业人员从业资格证件的管理工作,依托信息化系统,推进从业人员管理数据共享,实现异地稽查信息共享、动态资格管理和高频服务事项跨区域协同办理。

统一从业资格证电子证件式样,规范电子证件的查询、使用和检查等行为,具体应按照《道路运输电子证照 从业资格证》(JT/T 1290—2019)的要求实施。

43 从业资格证件的有效期是多久?

《道路运输从业人员管理规定》第二十九条第一款规定,道路运输从业人员从业资格证件有效期为6年。道路运输从业人员应当在从业资格证件有效期届满30日前到原发证机关办理换证手续。

第四章 从业资格证件管理

44 从业资格证件需要年审吗？

年审是诚信考核的通俗称法，根据《道路运输从业人员管理规定》和《道路运输驾驶员诚信考核办法》，驾驶员诚信考核实行自动评价，不再需要到交通运输主管部门进行纸质签注。

45 如何查询、辨别从业资格证件真伪？

对于已取得的从业资格证件，可以通过交通运输部微信公众号"道路运政一网通办"栏目、"道路运政一网通办"微信小程序、"道运通"手机 App、互联网道路运输便民政务服务系统网站、国家政务服务平台、各地交通运输主管部门发布的官方网上办理渠道等查询来辨别真伪。对于已取得的从业资格证电子证件，还可以通过"道路运输电子证照"微信小程序扫码核验，辨别真伪。

46 如何办理从业资格证件换证手续？

《道路运输从业人员管理规定》第二十九条规定，道路运输从业人员从业资格证件有效期为 6 年。道路运输从业人员应当在从业资格证件有效期届满 30 日前到原发证机关申请办理换证手续。

申请人备齐换证相关材料后，可通过线上办理换证业务，也可到各地交通运输主管部门的行政服务窗口办理换证业务。

47 从业资格证件逾期后可以换证吗？

《道路运输从业人员管理规定》第三十二条规定，超过从业资格证件有效期 180 日未申请换证的，由发证机关注销其从业资格证件。如果从业资格证件超过有效期但不满 180 日的，从业人员可直接申请换发从业资格证件；从业资格证件超过有效期 180 日的，将被注销，从业人员需要重新申请办理从业资格证件。

48 从业资格证件超期 180 日后可以恢复吗？

不可以。《道路运输从业人员管理规定》第三十二条规定，道路运输从业人员超过从业资格证件有效期 180 日未申请换证的，将由发证机关注销其从业资格证件。凡被注销的从业资格证件应当由发证机关收回，公告作废并登记归档，无法收回的自行作废。因此，从业资格证件超期 180 日未申请换证的，从业人员需根据《道路运输从业人员管理规定》有关要求重新申请取得从业资格证件。

根据《道路运输从业人员管理规定》，不再执行《交通运输部办公厅关于进一步规范道路运输从业人员管理和服务有关事项的通知》（交办运〔2015〕91 号）"（二）道路运输驾驶员从业资格证因超过有效期 180 日而被注销的，在原证件超过有效期 2 年内（含 2 年），可在完成 24 学时的继续教育后，申请参加相应类别从业资格考试大纲规定的理论科目考试。考试合格的，恢复其原有从业资格，初始领证日期以原证件为准，原证件作为考试报名申请材料之一存入档案"等内容。

49 如何办理从业资格证件补发手续？

《道路运输从业人员管理规定》第二十九条第二款规定，道路运输从业人员从业资格证件遗失、毁损的，应当到原发证机关办理证件补发手续。

申请人填写《道路运输从业人员从业资格证件换发、补发、变更登记表》，提供本人相应身份证明文件（居民身份证或其他法定身份证明），向原发证机关申请即可。

申请人备齐补证相关材料后，可通过线上办理补证业务，也可到各地交通运输主管部门的行政服务窗口办理补证业务。

50 从业资格证件遗失后需要登报吗？

不需要。申请补发从业资格证件的，不需要在报刊等媒体上刊登遗失声明。

51 如何办理从业资格证件变更手续？

《道路运输从业人员管理规定》第二十九条第三款规定，道路运输从业人员服务单位等信息变更的，应当到交通运输主管部门办理从业资格证件变更手续。

52 从业人员驾驶证准驾车型发生变化时，需要更换从业资格证件吗？

需要。因从业资格证件上含准驾车型信息，从业人员准驾车型发生变化后应及时到原发证机关申请个人信息变更，更新对应从业资格证件纸质证件信息或电子证件信息。如因驾驶证准驾车型降级，原发证机关需重新审批从业人员相关从业资格条件，对于不符合许可条件的人员，其从业资格应予以注销。

53 从业资格证件会被注销的情形有哪些?

《道路运输从业人员管理规定》第三十二条规定,道路运输从业人员有下列情形之一的,由发证机关注销其从业资格证件:

(1)持证人死亡的;

(2)持证人申请注销的;

(3)经营性道路客货运输驾驶员、道路危险货物运输从业人员年龄超过60周岁的;

(4)经营性道路客货运输驾驶员、道路危险货物运输驾驶员的机动车驾驶证被注销或者被吊销的;

(5)超过从业资格证件有效期180日未申请换证的。

凡被注销的从业资格证件,应当由发证机关予以收回,公告作废并登记归档;无法收回的,从业资格证件自行作废。

54 机动车驾驶证被注销或被吊销后,从业资格证件会被注销吗?

《道路运输从业人员管理规定》第九条、第十条和第十一条规定,经营性道路旅客运输驾驶员应当取得相应的机动车驾驶证1年以上,经营性道路货物运输驾驶员、道路危险货物运输驾驶员应当取得相应的机动车驾驶证。

按照上述条款,道路运输驾驶员的机动车驾驶证被注销或者被吊销后,即不再具备取得从业资格证件的前提条件,从业资格证件也应被注销。

Chapter 5

第五章　从业资格管理档案管理

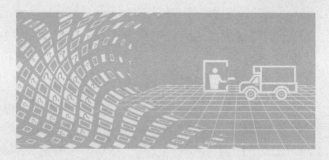

55 从业资格管理档案包括哪些内容？

《道路运输从业人员管理规定》第二十二条规定，交通运输主管部门应当建立道路运输从业人员从业资格管理档案，并推进档案电子化。从业资格管理档案的建立主体，可以按照谁发证、谁建档的原则来办理。

从业资格管理档案包括：从业资格考试申请材料，从业资格考试及从业资格证件记录，从业资格证件换发、补发、变更记录，违章、事故及诚信考核等。

在实践中，不同类别从业人员的档案内容具体如下。

（1）经营性道路旅客运输驾驶员档案内容。

①必备材料：从业资格考试申请表、身份证明复印件、机动车驾驶证复印件、3年内无重大以上交通责任事故记录（证明）、从业资格证件复印件。

②辅助材料：诚信考核记录、诚信考核等级为不合格驾驶员的继续教育记录、《道路运输从业人员从业资格证件换发、补发、变更登记表》等。

（2）经营性道路货物运输驾驶员档案内容。

①必备材料：身份证明复印件、机动车驾驶证复印件、从业资格证件复印件。

②辅助材料：诚信考核记录、诚信考核等级为不合格驾驶员的继续教育记录、《道路运输从业人员从业资格证件换发、补发、变更登记表》等。

（3）道路危险货物运输驾驶员档案内容。

①必备材料：从业资格考试申请表、身份证明复印件、机动车驾驶证复印件、3年内无重大以上交通责任事故记录（证明）、道

路危险货物运输相关知识培训证明、经营性道路旅客运输或者货物运输驾驶员从业资格证件(或者全日制驾驶职业教育毕业证书或证明)复印件、道路危险货物运输驾驶员从业资格证件复印件。

②辅助材料：诚信考核记录、诚信考核等级为不合格驾驶员的继续教育记录、《道路运输从业人员从业资格证件换发、补发、变更登记表》等。

(4)道路危险货物运输装卸管理员人员和押运人员档案内容。

①必备材料：从业资格考试申请表、身份证明复印件、道路危险货物运输相关知识培训证明、危险货物运输装卸管理员人员或押运人员从业资格证件复印件。

②辅助材料：《道路运输从业人员从业资格证件换发、补发、变更登记表》等。

56 从业人员如何申请转籍？

《道路运输从业人员管理规定》第二十九条第三款规定，道路运输从业人员申请转籍的，受理地交通运输主管部门应当在查询核实相应从业资格证件信息后，重新发放从业资格证件并建立档案，收回原证件并通报原发证机关注销原证件和归档。

57 从业人员转籍需要调转原有纸质档案吗？

不需要。从业人员只需向转入地交通运输主管部门申请转籍，受理机关在核实申请人提供的从业资格证件真实有效后，应当予以受理其转籍申请，按照规定要求核发新证并建立档案。

58 从业人员违反相关从业资格管理规定且尚未接受处罚的,如何办理相关业务?

《道路运输从业人员管理规定》第三十一条第二款规定,申请人违反相关从业资格管理规定且尚未接受处罚的,受理机关应当在其接受处罚后换发、补发、变更相应的从业资格证件。

59 道路运输驾驶员跨省转籍后首次建立的从业资格管理档案包括哪些材料?

道路运输驾驶员跨省转籍后,受理机关首次建立的从业资格管理档案包括：

(1)通过交通运输部网站"互联网道路运输便民政务服务系统"或者原发证机关网络核实相应从业资格证件信息的截图(加盖受理机关公章、经办人签字)；

(2)原从业资格证件原件或电子证截图(加盖受理机关公章、经办人签字)；

(3)身份证复印件；

(4)机动车驾驶证复印件(危险货物运输装卸管理人员和押运人员除外)等。

Chapter 6

第六章　从业行为规定

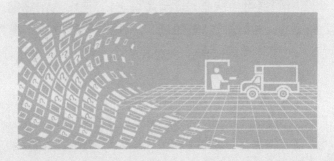

60 道路运输从业人员有哪些从业要求？

《道路运输从业人员管理规定》第三十六条和第三十七条规定，道路运输从业人员在从事道路运输活动时，应当携带相应的从业资格证件，并遵守国家相关法规和道路运输安全操作规程，不得违法经营、违章作业。道路运输从业人员应当按照规定参加国家相关法规、职业道德及业务知识培训。经营性道路客货运输驾驶员和道路危险货物运输驾驶员诚信考核等级为不合格的，应当按照规定参加继续教育。

61 道路运输驾驶员有哪些驾驶要求？

《道路运输从业人员管理规定》第三十八条规定，经营性道路客货运输驾驶员和道路危险货物运输驾驶员不得超限、超载运输，连续驾驶时间不得超过 4 个小时，不得超速行驶和疲劳驾驶。

此外，《道路运输车辆动态监督管理办法》(交通运输部 公安部 应急管理部令 2022 年第 10 号)第二十四条规定，道路运输企业应当根据法律法规的相关规定以及车辆行驶道路的实际情况，按照规定设置监控超速行驶和疲劳驾驶的限值，以及核定运营线路、区域及夜间行驶时间等，在所属车辆运行期间对车辆和驾驶员进行实时监控和管理。设置超速行驶和疲劳驾驶的限值，应当符合道路旅客运输驾驶员 24 小时累计驾驶时间原则上不超过 8 小时，日间连续驾驶不超过 4 小时，夜间连续驾驶不超过 2 小时，每次停车休息时间不少于 20 分钟，客运车辆夜间行驶速度不得超过日间限速 80% 的要求。因此，道路旅客运输驾驶员在从业期间也应当遵循上述要求。

62 如何记录道路运输从业人员道路运输违法行为？

《道路运输从业人员管理规定》第三十三条规定，交通运输主管部门应当通过信息化手段记录、归集道路运输从业人员的交通运输违法违章等信息。尚未实现信息化管理的，应当将经营性道路客货运输驾驶员、道路危险货物运输从业人员的违章行为记录在《中华人民共和国道路运输从业人员从业资格证》的违章记录栏内，并通报发证机关。

《道路运输驾驶员诚信考核办法》第十条规定，对道路运输驾驶员的道路运输违法行为，处罚与计分同时执行。道路运输驾驶员一次有两个以上违法行为的，计分时应当分别计算，累加分值。道路运输驾驶员同一违法行为同时符合两个以上计分情形的，按照较重情形予以计分。

63 行车日志的主要内容是什么？

《道路运输从业人员管理规定》第三十九条规定，经营性道路旅客运输驾驶员和道路危险货物运输驾驶员应当按照规定填写行车日志。行车日志式样由省级交通运输主管部门统一制定。

道路旅客运输驾驶员行车日志主要记录行车路线和车辆运行状况、停靠站点情况、车辆安全检查情况等。

道路危险货物运输驾驶员行车日志主要记录车辆安全检查、停车休息、临时停靠、车辆运行状况、危险货物装载状况等。

64 道路危险货物运输驾驶员可以从事道路客货运输经营活动吗？

《道路运输从业人员管理规定》第三十五条规定，经营性道路客货运输驾驶员以及道路危险货物运输从业人员应当在从业资格证件许可的范围内从事道路运输活动。道路危险货物运输驾驶员除可以驾驶道路危险货物运输车辆外，还可以驾驶原从业资格证件许可的道路旅客运输车辆或者道路货物运输车辆。据此，若道路危险货物运输驾驶员从业资格证件上已取得经营性道路旅客运输驾驶员或经营性道路货物运输驾驶员从业资格许可，即可从事相应类别的道路客货运输经营活动。

65 道路危险货物运输从业人员有哪些专门的从业要求？

《道路运输从业人员管理规定》第四十一条规定，道路危险货物运输驾驶员应当按照道路交通安全主管部门指定的行车时间和路线运输危险货物。道路危险货物运输装卸管理人员应当按照安全作业规程对道路危险货物装卸作业进行现场监督，确保装卸安全。道路危险货物运输押运人员应当对道路危险货物运输进行全程监管。道路危险货物运输从业人员应当严格按照道路危险货物运输有关标准进行操作，不得违章作业。

此外，《危险货物道路运输安全管理办法》规定，危险货物承运人应当制作危险货物运单，并交由驾驶员随车携带。危险货物运单应当妥善保存,保存期限不得少于12个月。危险货物运单格式由国务院交通运输主管部门统一制定。危险货物运单可以是电子或者纸质形式。运输危险废物的企业还应当填写并随车携带电子或者纸质形式的危险废物转移联单。

危险货物承运人在运输前,应当对运输车辆、罐式车辆罐体、可移动罐柜、罐式集装箱及相关设备的技术状况,以及卫星定位装置进行检查并做好记录,对驾驶员、押运人员进行运输安全告知。

道路危险货物运输驾驶员、押运人员在起运前,应当对承运危险货物的运输车辆、罐式车辆罐体、可移动罐柜、罐箱进行外观检查,确保没有影响运输安全的缺陷;应当检查确认危险货物运输车辆按照现行的《道路运输危险货物车辆标志》(GB 13392)要求安装、悬挂标志。运输爆炸品和剧毒化学品的,还应当检查确认车辆安装、粘贴符合现行的《道路运输爆炸品和剧毒化学品车辆安全技术条件》(GB 20300)要求的安全标示牌。

66 道路危险货物运输过程遇突发事件应如何应急处置?

《道路运输从业人员管理规定》第四十二条规定,在道路危险货物运输过程中发生燃烧、爆炸、污染、中毒或者被盗、丢失、流散、泄漏等事故,道路危险货物运输驾驶员、押运人员应当立即向当地公安部门和所在运输企业或者单位报告,说明事故情况、危险货物品名和特性,并采取一切可能的警示措施和应急措施,积极配合有关部门进行处置。

此外,《危险货物道路运输企业运输事故应急预案编制要求》

(JT/T 911)规定了危险货物道路运输企业运输事故应急预案的编制步骤、内容以及文本格式与要求。具体明确了驾驶员和押运员应急处置流程、事故信息报告内容、现场处置措施,明确了企业应急处置流程、应急响应和行动等。

Chapter 7

第七章 道路运输服务"跨省通办"

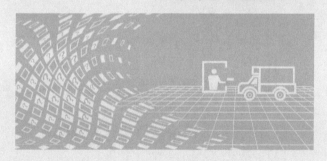

67 从业资格证件"跨省通办"是什么？

"跨省通办"是指通过"全程网办""异地代收代办""多地联办"等，有效满足各类市场主体和广大人民群众异地办事需求的服务模式。

从业资格证件"跨省通办"是指采用"全程网办"方式提供从业资格证件申请、补发、换发、变更、注销和驾驶员诚信考核等服务事项的网上办理服务。

道路运输服务"跨省通办"可实现"让数据多跑路、让群众少跑腿"，提高道路运输政务服务便捷度，方便群众异地办事，增强人民群众获得感。

68 道路运输服务"跨省通办"可实现的事项有哪些？

道路运输服务"跨省通办"可实现的事项包括：
(1) 道路货物运输驾驶员从业资格证件申领；
(2) 道路运输从业人员从业资格证件补发、换发、变更、注销等；
(3) 道路运输驾驶员诚信考核；
(4) 货物运输车辆道路运输证补发、换发、注销等；
(5) 普通货物运输车辆网上年审。

69 道路运输服务"跨省通办"办理渠道有哪些？

道路运输服务"跨省通办"的办理渠道主要有：
(1) 交通运输部微信公众号"道路运政一网通办"栏目；

(2)"道路运政一网通办"微信小程序;

(3)"道运通"手机 App;

(4)互联网道路运输便民政务服务系统网站(https://ysfw.mot.gov.cn);

(5)国家(或省市各级)政务服务平台;

(6)各地交通运输主管部门发布的官方网上办理渠道等。

70 如何领取"跨省通办"业务办理结果?

在核发纸质证件的省份,申请人可通过自取或邮寄的方式领取从业资格证件、道路运输证件,可通过互联网道路运输便民政务服务系统各办理渠道直接下载"诚信考核凭证"和"普货车辆网上年审凭证";在核发电子证照的省份,申请人可在互联网道路运输便民政务服务系统中的"办件详情"栏目直接查看结果,或在"道路运输电子证照"微信小程序查看电子证件,或通过省内相关手机 App 查看、展示电子证件。

Chapter 8

第八章 诚信考核和继续教育

71 《道路运输驾驶员诚信考核办法》的发布背景是什么？

道路运输驾驶员诚信考核制度是道路运输从业资格管理的重要内容。原交通部于2008年8月印发的《道路运输驾驶员诚信考核办法（试行）》（交公路发〔2008〕280号），建立了道路运输驾驶员诚信考核制度，对于加强道路运输驾驶员从业行为管理、引导道路运输驾驶员诚信经营等发挥了积极作用。随着"放管服"改革、信用交通体系建设等不断深入推进，原有的诚信考核制度已不能满足行业发展需要，亟待修订完善。为此，交通运输部组织开展了修订工作，并于2022年7月20日发布了《道路运输驾驶员诚信考核办法》（交运规〔2022〕6号）。

72 《道路运输驾驶员诚信考核办法》的主要内容有哪些？

《道路运输驾驶员诚信考核办法》突出减轻负担、便民服务，突出优化环境、改进监管，要求依托信息化方式开展考核，强化考核结果规范应用，优化继续教育方式，引导道路运输驾驶员依法经营、诚实守信，切实减轻道路运输驾驶员负担，促进道路运输业健康稳定发展。

（1）优化考核流程，进一步方便从业人员。取消了人工签注考核等级等要求，明确依托信息化方式开展诚信考核，实现"电子建档、数据归集、系统考核、自动评价"。同时，要求提供诚信考核相关信息查询、下载、打印等服务。

(2)建立实施分级分类监管制度。完善奖惩机制,对纳入行业重点监管对象的,适当提高监督检查频次;对于考核等级高的驾驶员及其所在道路运输经营者给予激励机制。

(3)实施区别化的诚信考核继续教育。对于诚信考核等级为不合格的(B级),接受18个学时继续教育后,诚信考核等级为A级。

(4)完善相关考核计分标准。将重大交通事故、较大交通事故等负同等及以上责任等行为,以及影响道路运输安全等行为纳入计分体系。

(5)废止有关文件。文件印发后,同步废止《关于印发道路运输驾驶员诚信考核办法(试行)的通知》(交公路发〔2008〕280号)和《关于印发〈道路运输驾驶员继续教育办法〉的通知》(交运发〔2011〕106号)。

73 诚信考核内容有哪些?

根据《道路运输驾驶员诚信考核办法》第八条规定,道路运输驾驶员诚信考核内容包括:

(1)安全生产情况:安全生产责任事故情况;

(2)遵守法规情况:违反道路运输相关法律、法规、规章的有关情况;

(3)服务质量情况:服务质量事件和有责投诉的有关情况。

74 诚信档案内容有哪些?

根据《道路运输驾驶员诚信考核办法》第十三条规定,根据道路运输驾驶员的从业资格类别,道路运输驾驶员诚信档案内容主要包括：

（1）基本情况，包括道路运输驾驶员的姓名、性别、身份证号、住址、联系电话、服务单位、初领驾驶证日期、准驾车型、从业资格证件号、从业资格类别、从业资格证件领取时间和变更记录以及继续教育情况等；

（2）安全生产记录，包括有关部门抄告的以及交通运输主管部门掌握的责任事故的时间、地点、事故原因、事故经过、死伤人数、经济损失等事故概况以及责任认定和处理情况；

（3）遵守法规情况，包括本行政区域内查处的和本行政区域外共享或者抄告的道路运输驾驶员违反道路运输相关法律法规的情况；

（4）服务质量记录，包括经交通运输主管部门通报、行业协会组织公告、有关媒体曝光并经核实的服务质量事件的时间、社会影响等情况，以及有责投诉的投诉人、投诉内容、责任人、受理机关及处理情况；

（5）道路运输驾驶员历次诚信考核等级相关情况。

75 诚信考核周期是多久？

根据《道路运输驾驶员诚信考核办法》第九条第一款规定，道路运输驾驶员诚信考核实行计分制，考核周期为12个月，满分为20分，从道路运输驾驶员初次领取从业资格证件之日起计算。一个考核周期届满，经确定诚信考核等级后，该考核周期内的计分予以清除，不转入下一个考核周期。

第八章 诚信考核和继续教育

76 诚信考核计分分值有哪些？

根据《道路运输驾驶员诚信考核办法》第九条第二款规定，根据道路运输驾驶员违反诚信考核指标的情况，一次计分的分值分别为：20分、10分、5分、3分、1分，共五种。计分分值标准见附录3的附件。

77 诚信考核等级有哪些？

道路运输驾驶员诚信考核等级分为优良、合格、基本合格和不合格，分别用AAA级、AA级、A级和B级表示。

78 如何评定诚信考核等级？

道路运输驾驶员诚信考核等级，由交通运输主管部门按照下列标准进行评定：

（1）道路运输驾驶员具备以下条件的，诚信考核等级为AAA级：

①上一考核周期的诚信考核等级为AA级及以上；

②考核周期内累计计分分值为0分。

（2）道路运输驾驶员具备以下条件的，诚信考核等级为AA级：

①未达到AAA级的考核条件；

②上一考核周期的诚信考核等级为A级及以上；

③考核周期内累计计分分值未达到10分。

（3）道路运输驾驶员具备以下条件的，诚信考核等级为

A 级：

①未达到 AA 级的考核条件；

②考核周期内累计计分分值未达到 20 分。

（4）道路运输驾驶员考核周期内累计计分有 20 分及以上记录的，诚信考核等级为 B 级。

（5）新取得道路运输从业资格证件或者初次参加诚信考核的道路运输驾驶员，其诚信考核初始等级为 A 级。

79 如何确定诚信考核初始等级？

新取得道路运输从业资格证件或者初次参加诚信考核的道路运输驾驶员，其诚信考核初始等级为 A 级。

80 如何查询诚信考核结果？

《道路运输驾驶员诚信考核办法》第十九条规定，交通运输主管部门应当依法依规向社会公布本辖区内道路运输驾驶员历次考核周期的计分分值、诚信考核等级等信息查询方式，可通过交通运输部互联网道路运输便民政务服务系统等为道路运输驾驶员提供诚信考核等级查询、下载、打印等服务。

81 诚信考核结果有哪些用处？

诚信考核结果将作为行业监督管理和企业聘用驾驶员时的重要参考，对于规范道路运输驾驶员从业行为管理、推动行业服务水平提升等有着积极作用。

第八章 诚信考核和继续教育

（1）交通运输主管部门应当根据道路运输驾驶员诚信考核等情况实施分级分类监管。对诚信考核等级为不合格的驾驶员，应当纳入行业重点监管对象，提高监督检查频次。

（2）道路运输经营者应当及时掌握本单位道路运输驾驶员的诚信考核等级，并依法加强对诚信考核等级为不合格的驾驶员的教育和管理。

（3）鼓励道路运输经营者以及其他相关的社团组织对诚信考核等级为AAA级的道路运输驾驶员进行表彰奖励。交通运输主管部门对于道路运输经营者一年内所属诚信考核等级为AAA级的驾驶员比例达到80%以上或者AA级、AAA级的驾驶员比例达到90%以上，且均没有不合格驾驶员的，可以在行业表彰奖励等方面建立激励机制。

（4）鼓励道路运输经营者安排诚信考核等级为A级及以上的道路运输驾驶员，承担具有重大政治和国防战备意义、社会影响大、安全风险高的运输生产任务；安排其承担国家法定节假日期间的道路旅客运输任务。

（5）道路运输经营者在一个年度内，所属取得从业资格证件的道路运输驾驶员累计有20%以上诚信考核等级为B级的，交通运输主管部门应当向其下发整改通知书，并不得将其作为道路运输行业表彰评优的对象。

82 诚信考核不合格的，应如何参加继续教育？

《道路运输驾驶员诚信考核办法》第二十三条规定，道路运输驾驶员诚信考核等级为不合格的，应当在诚信考核等级确定后30日内，按照《道路运输从业人员管理规定》要求，到道路运输企业或者从业资格培训机构接受不少于18个学时的道路运输法规、职业道德和安全知识的继续教育。

83 诚信考核不合格的，如何恢复诚信考核等级？

诚信考核不合格的道路运输驾驶员完成规定的继续教育后，其诚信考核等级恢复为 A 级。

84 在本次诚信考核改革之前，未按规定时间参加诚信考核的，需要重新参加从业资格考试吗？

不需要。

85 诚信考核需要线下签注吗？

不需要。道路运输驾驶员诚信考核周期届满后 20 日内，设区的市级交通运输主管部门应当根据道路运输驾驶员诚信考核计分情况及相关证明材料等确定诚信考核等级。道路运输驾驶员诚信考核不需要线下签注。

86 对诚信考核结果有异议的怎么办？

单位和个人对公布的诚信考核结果有异议的，可以在公告之日起 15 日内，向交通运输主管部门进行书面举报或举证，并提供相关证明材料。

举报人应当如实签署姓名或者单位名称，并附联系方式。

交通运输主管部门应当为举报人保密，不得向其他单位或者个人泄漏举报人的姓名及有关情况。

87 诚信考核是按照从业资格类别评价的吗？

是的。道路运输驾驶员诚信考核是指对道路运输驾驶员在道路运输活动中的安全生产、遵守法规和服务质量等情况的综合评价。因此，道路运输驾驶员诚信考核是按照驾驶员在岗从事的从业资格类别进行评价的。

对于持有多个类别从业资格证件的驾驶员，如其在一个考核周期内有多个在岗从事类别经历的，可以合并计分考核。

88 《道路运输驾驶员继续教育办法》废止了吗？

已废止。根据《交通运输部关于印发〈道路运输驾驶员诚信考核办法〉的通知》（交运规〔2022〕6号）第三十条的规定，《关于印发道路运输驾驶员诚信考核办法（试行）的通知》（交公路发〔2008〕280号）和《关于印发〈道路运输驾驶员继续教育办法〉的通知》（交运发〔2011〕106号）同时废止。

89 道路运输驾驶员还需要参加两年一次的继续教育吗？

不需要。《道路运输从业人员管理规定》第三十七条规定，道路运输从业人员应当按照规定参加国家相关法规、职业道德及业务知识培训。经营性道路客货运输驾驶员和道路危险货物运输驾驶员诚信考核等级为不合格的，应当按照规定参加继续教育。《道路运输驾驶员继续教育办法》（交运发〔2011〕106号）已经废止，故不再执行其中有关"道路运输驾驶员继续教育周期为2年。

道路运输驾驶员在每个周期接受继续教育的时间累计应不少于24学时"的要求,而是根据《道路运输驾驶员诚信考核办法》实施差异化的继续教育制度。

Chapter 9

第九章 两类人员安全考核

90 两类人员是指哪些人员？

两类人员是指道路运输企业主要负责人和安全生产管理人员。

《道路运输企业主要负责人和安全生产管理人员安全考核管理办法》第三条规定，道路运输企业是指从事道路旅客运输经营、道路货物运输经营（含道路危险货物运输经营）、道路旅客运输站经营的法人单位。

道路运输企业主要负责人是指对本单位日常生产经营活动和安全生产工作全面负责、有生产经营决策权的人员，包括企业法定代表人、实际控制人，以及分支机构的法定代表人、实际控制人。

道路运输企业安全生产管理人员是指企业专（兼）职安全生产管理人员和分管安全生产的负责人。

91 两类人员安全考核的依据是什么？

两类人员安全考核的依据是《中华人民共和国安全生产法》。《中华人民共和国安全生产法》第二十七条规定，生产经营单位的主要负责人和安全生产管理人员必须具备与本单位所从事的生产经营活动相应的安全生产知识和管理能力。危险物品的生产、经营、储存、装卸单位以及矿山、金属冶炼、建筑施工、运输单位的主要负责人和安全生产管理人员，应当由主管的负有安全生产监督管理职责的部门对其安全生产知识和管理能力考核合格。

第九章 两类人员安全考核

为贯彻落实《中华人民共和国安全生产法》，规范道路运输企业主要负责人和安全生产管理人员安全考核工作，提升道路运输企业关键从业人员安全素质，进一步夯实道路运输安全生产基础，交通运输部于 2021 年 7 月 18 日发布了《交通运输部关于印发〈道路运输企业主要负责人和安全生产管理人员安全考核管理办法〉〈道路运输企业主要负责人和安全生产管理人员安全考核大纲〉的通知》（交运规〔2019〕6 号）。

92 两类人员安全考核收费吗？

不收费。《中华人民共和国安全生产法》第二十七条第二款规定，危险物品的生产、经营、储存、装卸单位以及矿山、金属冶炼、建筑施工、运输单位的主要负责人和安全生产管理人员，应当由主管的负有安全生产监督管理职责的部门对其安全生产知识和管理能力考核合格。考核不得收费。

《道路运输企业主要负责人和安全生产管理人员安全考核管理办法》第五条第三款规定，市级交通运输主管部门具体组织实施本行政区域内道路运输企业主要负责人和安全生产管理人员安全考核有关工作。市级交通运输主管部门可委托具备条件的社会组织机构负责具体考核工作。考核不得收费，有关具体事务性工作可通过政府购买服务等方式实施。

93 两类人员安全考核的要求有哪些？

《道路运输企业主要负责人和安全生产管理人员安全考核

管理办法》第六条规定,道路运输企业主要负责人和安全生产管理人员必须具备与本单位所从事的生产经营活动相应的安全生产知识和管理能力,并由交通运输主管部门对其安全考核合格。

《道路运输企业主要负责人和安全生产管理人员安全考核管理办法》第七条规定,道路运输企业主要负责人和安全生产管理人员应当在从事道路运输安全生产相关工作6个月内完成安全考核工作。在道路运输领域有效注册的注册安全工程师,向属地市级交通运输主管部门报备后,视同安全考核合格,相关信息应当及时录入安全考核管理平台(http://dlaqgl.jtzyzg.org.cn)。

94 两类人员安全考核的内容和方式包括哪些?

《道路运输企业主要负责人和安全生产管理人员安全考核管理办法》第八条规定,道路运输企业主要负责人和安全生产管理人员安全考核内容包括:道路运输安全生产相关法律法规、规章制度和标准规范,道路运输企业安全生产管理知识,应急处置与救援,道路运输安全生产实务等。

《道路运输企业主要负责人和安全生产管理人员安全考核管理办法》第九条规定,道路运输企业主要负责人和安全生产管理人员安全考核应当采用计算机或纸质试卷闭卷考核方式,考核题型为客观题,得分率不低于80%即为考核合格。

第九章　两类人员安全考核

95　两类人员安全考核合格证明有效期是多久？

《道路运输企业主要负责人和安全生产管理人员安全考核管理办法》第十六条规定，道路运输企业主要负责人和安全生产管理人员安全考核合格证明有效期为3年。安全考核合格证明有效期到期前3个月内，道路运输企业主要负责人和安全生产管理人员应当通过安全考核管理平台向属地交通运输主管部门提出延期申请。属地交通运输主管部门应当在受理申请后15个工作日内，对相关人员依法履行安全生产管理职责情况进行核实。不存在未履行法定安全生产管理职责受到行政处罚或导致发生生产安全事故的，安全考核合格证明有效期应当予以延期3年。

《道路运输企业主要负责人和安全生产管理人员安全考核管理办法》第十七条规定，道路运输企业主要负责人和安全生产管理人员因存在未履行法定安全生产管理职责受到行政处罚或导致发生生产安全事故的，原考核合格证明作废。按照有关规定接受处理后，可继续从事企业安全生产管理工作的，应当重新进行安全考核。

96　两类人员未按照规定参加考核的，如何处罚？

《道路运输从业人员管理规定》第四十九条规定，道路运输企业主要负责人和安全生产管理人员未按照规定经考核合格的，由所在地设区的市级交通运输主管部门依照《中华人民共和国安全生产法》第九十七条的规定进行处罚。

《中华人民共和国安全生产法》第九十七条规定,运输单位的主要负责人和安全生产管理人员未按照规定经考核合格的,责令限期改正,处 10 万元以下的罚款;逾期未改正的,责令停产停业整顿,并处 10 万元以上 20 万元以下的罚款,对其直接负责的主管人员和其他直接责任人员处 2 万元以上 5 万元以下的罚款。

Chapter 10

第十章 法律责任

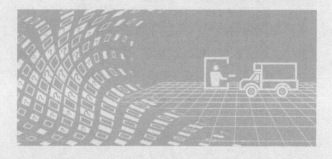

97. 未按规定取得或使用相应从业资格证件从事道路运输服务的,如何处罚?

《道路运输从业人员管理规定》第四十六条规定,未取得相应从业资格证件,使用失效、伪造、变造的从业资格证件,以及超越从业资格证件核定范围,驾驶道路客运车辆的,由县级以上交通运输主管部门责令改正,处 200 元以上 2000 元以下的罚款。

驾驶道路货物运输车辆违反前款规定的,由县级以上交通运输主管部门责令改正,处 200 元罚款。

98. 未按规定取得或使用相应从业资格证件从事危险货物运输服务的,如何处罚?

《道路运输从业人员管理规定》第四十七条规定,未取得相应从业资格证件,使用失效、伪造、变造的从业资格证件,以及超越从业资格证件核定范围,从事道路危险货物运输活动的,由设区的市级交通运输主管部门处 5 万元以上 10 万元以下的罚款。

Chapter 11

第十一章 其他

99 出租汽车驾驶员适用道路运输从业人员管理范畴吗？

出租汽车驾驶员不在《道路运输从业人员管理规定》规定的道路运输从业人员范围内，不适用《道路运输从业人员管理规定》，需按照《出租汽车驾驶员从业资格管理规定》（交通运输部令2021年第15号）的相关规定执行。

《出租汽车驾驶员从业资格管理规定》第十条规定，申请参加出租汽车驾驶员从业资格考试的，应当符合下列条件：

（1）取得相应准驾车型机动车驾驶证并具有3年以上驾驶经历；

（2）无交通肇事犯罪、危险驾驶犯罪记录，无吸毒记录，无饮酒后驾驶记录，最近连续3个记分周期内没有记满12分记录；

（3）无暴力犯罪记录；

（4）城市人民政府规定的其他条件。

《出租汽车驾驶员从业资格管理规定》第十四条规定，出租汽车驾驶员从业资格考试全国公共科目和区域科目考试均合格的，设区的市级出租汽车行政主管部门应当自公布考试成绩之日起10日内向巡游出租汽车驾驶员核发《巡游出租汽车驾驶员证》、向网络预约出租汽车驾驶员核发《网络预约出租汽车驾驶员证》（《巡游出租汽车驾驶员证》和《网络预约出租汽车驾驶员证》以下统称从业资格证）。从业资格证式样参照《中华人民共和国道路运输从业人员从业资格证》式样。鼓励推广使用从业资格电子证件。采用电子证件的，应当包含证件式样所确定的相关信息。

第十一章 其他

100 城市公交驾驶员需要取得从业资格证件吗？

目前，在国家层面未统一要求城市公交驾驶员取得从业资格证件。《城市公共汽车和电车客运管理规定》（交通运输部令2017年第5号）第二十七条规定，运营企业聘用的从事城市公共汽电车客运的驾驶员、乘务员，应当具备以下条件：

（1）具有履行岗位职责的能力；
（2）身心健康，无可能危及运营安全的疾病或者病史；
（3）无吸毒或者暴力犯罪记录。

从事城市公共汽电车客运的驾驶员还应当符合以下条件：

（1）取得与准驾车型相符的机动车驾驶证且实习期满；
（2）最近连续3个记分周期内没有记满12分违规记录；
（3）无交通肇事犯罪、危险驾驶犯罪记录，无饮酒后驾驶记录。

此外，《城市公共汽车和电车客运管理规定》（交通运输部令2017年第5号）第二十八条规定，运营企业应当按照有关规范和标准对城市公共汽电车客运驾驶员、乘务员进行有关法律法规、岗位职责、操作规程、服务规范、安全防范和应急处置等基本知识与技能的培训和考核，安排培训、考核合格人员上岗。运营企业应当将相关培训、考核情况建档备查，并报城市公共交通主管部门备案。

101 城市轨道交通列车司机等需要取得从业资格证件吗？

目前，在国家层面未统一要求城市轨道列车司机等取得从业资格证件。《城市轨道交通运营管理规定》(交通运输部令2018年第8号)第十三条规定,运营单位应当配置满足运营需求的从业人员,按相关标准进行安全和技能培训教育,并对城市轨道交通列车司机、行车调度员、行车值班员、信号工、通信工等重点岗位人员进行考核,考核不合格的,不得从事岗位工作。运营单位应当对重点岗位人员进行安全背景审查。城市轨道交通列车司机应当按照法律法规的规定取得驾驶员职业准入资格。运营单位应当对列车司机定期开展心理测试,对不符合要求的及时调整工作岗位。

Appendix

附录

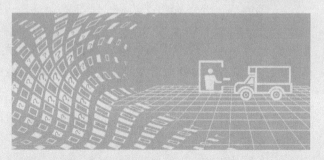

附录1

中华人民共和国道路运输条例

(2004年4月30日中华人民共和国国务院令第406号公布 根据2012年11月9日《国务院关于修改和废止部分行政法规的决定》第一次修订;根据2016年2月6日《国务院关于修改部分行政法规的决定》第二次修订;根据2019年3月2日《国务院关于修改部分行政法规的决定》第三次修订;根据2022年3月29日《国务院关于修改和废止部分行政法规的决定》第四次修订;根据2023年8月21日,《国务院关于修改和废止部分行政法规的决定》第五次修订)

第一章 总 则

第一条 为了维护道路运输市场秩序,保障道路运输安全,保护道路运输有关各方当事人的合法权益,促进道路运输业的健康发展,制定本条例。

第二条 从事道路运输经营以及道路运输相关业务的,应当遵守本条例。

前款所称道路运输经营包括道路旅客运输经营(以下简称客运经营)和道路货物运输经营(以下简称货运经营);道路运输相关业务包括站(场)经营、机动车维修经营、机动车驾驶员培训。

第三条 从事道路运输经营以及道路运输相关业务,应当依法经营,诚实信用,公平竞争。

第四条 道路运输管理,应当公平、公正、公开和便民。

第五条 国家鼓励发展乡村道路运输,并采取必要的措施提高乡镇和行政村的通班车率,满足广大农民的生活和生产需要。

第六条 国家鼓励道路运输企业实行规模化、集约化经营。任何单位和个人不得封锁或者垄断道路运输市场。

第七条 国务院交通运输主管部门主管全国道路运输管理工作。

县级以上地方人民政府交通运输主管部门负责本行政区域的道路运输管理工作。

第二章 道路运输经营

第一节 客 运

第八条 申请从事客运经营的,应当具备下列条件:

(一)有与其经营业务相适应并经检测合格的车辆;

(二)有符合本条例第九条规定条件的驾驶人员;

(三)有健全的安全生产管理制度。

申请从事班线客运经营的,还应当有明确的线路和站点方案。

第九条 从事客运经营的驾驶人员,应当符合下列条件:

(一)取得相应的机动车驾驶证;

(二)年龄不超过60周岁;

(三)3年内无重大以上交通责任事故记录;

(四)经设区的市级人民政府交通运输主管部门对有关客运法律法规、机动车维修和旅客急救基本知识考试合格。

第十条 申请从事客运经营的,应当依法向市场监督管理部门办理有关登记手续后,按照下列规定提出申请并提交符合本条例第八条规定条件的相关材料:

(一)从事县级行政区域内和毗邻县行政区域间客运经营的,

向所在地县级人民政府交通运输主管部门提出申请；

（二）从事省际、市际、县际（除毗邻县行政区域间外）客运经营的，向所在地设区的市级人民政府交通运输主管部门提出申请；

（三）在直辖市申请从事客运经营的，向所在地直辖市人民政府确定的交通运输主管部门提出申请。

依照前款规定收到申请的交通运输主管部门，应当自受理申请之日起20日内审查完毕，作出许可或者不予许可的决定。予以许可的，向申请人颁发道路运输经营许可证，并向申请人投入运输的车辆配发车辆营运证；不予许可的，应当书面通知申请人并说明理由。

对从事省际和市际客运经营的申请，收到申请的交通运输主管部门依照本条第二款规定颁发道路运输经营许可证前，应当与运输线路目的地的相应交通运输主管部门协商，协商不成的，应当按程序报省、自治区、直辖市人民政府交通运输主管部门协商决定。对从事设区的市内毗邻县客运经营的申请，有关交通运输主管部门应当进行协商，协商不成的，报所在地市级人民政府交通运输主管部门决定。

第十一条 取得道路运输经营许可证的客运经营者，需要增加客运班线的，应当依照本条例第十条的规定办理有关手续。

第十二条 县级以上地方人民政府交通运输主管部门在审查客运申请时，应当考虑客运市场的供求状况、普遍服务和方便群众等因素。

同一线路有3个以上申请人时，可以通过招标的形式作出许可决定。

第十三条 县级以上地方人民政府交通运输主管部门应当定期公布客运市场供求状况。

第十四条 客运班线的经营期限为 4 年到 8 年。经营期限届满需要延续客运班线经营许可的,应当重新提出申请。

第十五条 客运经营者需要终止客运经营的,应当在终止前 30 日内告知原许可机关。

第十六条 客运经营者应当为旅客提供良好的乘车环境,保持车辆清洁、卫生,并采取必要的措施防止在运输过程中发生侵害旅客人身、财产安全的违法行为。

第十七条 旅客应当持有效客票乘车,遵守乘车秩序,讲究文明卫生,不得携带国家规定的危险物品及其他禁止携带的物品乘车。

第十八条 班线客运经营者取得道路运输经营许可证后,应当向公众连续提供运输服务,不得擅自暂停、终止或者转让班线运输。

第十九条 从事包车客运的,应当按照约定的起始地、目的地和线路运输。

从事旅游客运的,应当在旅游区域按照旅游线路运输。

第二十条 客运经营者不得强迫旅客乘车,不得甩客、敲诈旅客;不得擅自更换运输车辆。

第二节 货 运

第二十一条 申请从事货运经营的,应当具备下列条件:

(一)有与其经营业务相适应并经检测合格的车辆;

(二)有符合本条例第二十二条规定条件的驾驶人员;

(三)有健全的安全生产管理制度。

第二十二条 从事货运经营的驾驶人员,应当符合下列条件:

(一)取得相应的机动车驾驶证;

(二)年龄不超过60周岁;

(三)经设区的市级人民政府交通运输主管部门对有关货运法律法规、机动车维修和货物装载保管基本知识考试合格(使用总质量4500千克及以下普通货运车辆的驾驶人员除外)。

第二十三条 申请从事危险货物运输经营的,还应当具备下列条件:

(一)有5辆以上经检测合格的危险货物运输专用车辆、设备;

(二)有经所在地设区的市级人民政府交通运输主管部门考试合格,取得上岗资格证的驾驶人员、装卸管理人员、押运人员;

(三)危险货物运输专用车辆配有必要的通讯工具;

(四)有健全的安全生产管理制度。

第二十四条 申请从事货运经营的,应当依法向市场监督管理部门办理有关登记手续后,按照下列规定提出申请并分别提交符合本条例第二十一条、第二十三条规定条件的相关材料:

(一)从事危险货物运输经营以外的货运经营的,向县级人民政府交通运输主管部门提出申请;

(二)从事危险货物运输经营的,向设区的市级人民政府交通运输主管部门提出申请。

依照前款规定收到申请的交通运输主管部门,应当自受理申请之日起20日内审查完毕,作出许可或者不予许可的决定。予以许可的,向申请人颁发道路运输经营许可证,并向申请人投入运输的车辆配发车辆营运证;不予许可的,应当书面通知申请人并说明理由。

使用总质量4500千克及以下普通货运车辆从事普通货运经营的,无需按照本条规定申请取得道路运输经营许可证及车辆营运证。

第二十五条 货运经营者不得运输法律、行政法规禁止运输的货物。

法律、行政法规规定必须办理有关手续后方可运输的货物,货运经营者应当查验有关手续。

第二十六条 国家鼓励货运经营者实行封闭式运输,保证环境卫生和货物运输安全。

货运经营者应当采取必要措施,防止货物脱落、扬撒等。

运输危险货物应当采取必要措施,防止危险货物燃烧、爆炸、辐射、泄漏等。

第二十七条 运输危险货物应当配备必要的押运人员,保证危险货物处于押运人员的监管之下,并悬挂明显的危险货物运输标志。

托运危险货物的,应当向货运经营者说明危险货物的品名、性质、应急处置方法等情况,并严格按照国家有关规定包装,设置明显标志。

第三节 客运和货运的共同规定

第二十八条 客运经营者、货运经营者应当加强对从业人员的安全教育、职业道德教育,确保道路运输安全。

道路运输从业人员应当遵守道路运输操作规程,不得违章作业。驾驶人员连续驾驶时间不得超过4个小时。

第二十九条 生产(改装)客运车辆、货运车辆的企业应当按照国家规定标定车辆的核定人数或者载重量,严禁多标或者少标车辆的核定人数或者载重量。

客运经营者、货运经营者应当使用符合国家规定标准的车辆从事道路运输经营。

第三十条 客运经营者、货运经营者应当加强对车辆的维护和检测,确保车辆符合国家规定的技术标准;不得使用报废的、擅自改装的和其他不符合国家规定的车辆从事道路运输经营。

第三十一条 客运经营者、货运经营者应当制定有关交通事故、自然灾害以及其他突发事件的道路运输应急预案。应急预案应当包括报告程序、应急指挥、应急车辆和设备的储备以及处置措施等内容。

第三十二条 发生交通事故、自然灾害以及其他突发事件,客运经营者和货运经营者应当服从县级以上人民政府或者有关部门的统一调度、指挥。

第三十三条 道路运输车辆应当随车携带车辆营运证,不得转让、出租。

第三十四条 道路运输车辆运输旅客的,不得超过核定的人数,不得违反规定载货;运输货物的,不得运输旅客,运输的货物应当符合核定的载重量,严禁超载;载物的长、宽、高不得违反装载要求。

违反前款规定的,由公安机关交通管理部门依照《中华人民共和国道路交通安全法》的有关规定进行处罚。

第三十五条 客运经营者、危险货物运输经营者应当分别为旅客或者危险货物投保承运人责任险。

第三章 道路运输相关业务

第三十六条 从事道路运输站(场)经营的,应当具备下列条件:

(一)有经验收合格的运输站(场);

(二)有相应的专业人员和管理人员;

(三)有相应的设备、设施;

(四)有健全的业务操作规程和安全管理制度。

第三十七条 从事机动车维修经营的,应当具备下列条件:

(一)有相应的机动车维修场地;

(二)有必要的设备、设施和技术人员;

(三)有健全的机动车维修管理制度;

(四)有必要的环境保护措施。

国务院交通运输主管部门根据前款规定的条件,制定机动车维修经营业务标准。

第三十八条 从事机动车驾驶员培训的,应当具备下列条件:

(一)取得企业法人资格;

(二)有健全的培训机构和管理制度;

(三)有与培训业务相适应的教学人员、管理人员;

(四)有必要的教学车辆和其他教学设施、设备、场地。

第三十九条 申请从事道路旅客运输站(场)经营业务的,应当在依法向市场监督管理部门办理有关登记手续后,向所在地县级人民政府交通运输主管部门提出申请,并附送符合本条例第三十六条规定条件的相关材料。县级人民政府交通运输主管部门应当自受理申请之日起15日内审查完毕,作出许可或者不予许可的决定,并书面通知申请人。

从事道路货物运输站(场)经营、机动车维修经营和机动车驾驶员培训业务的,应当在依法向市场监督管理部门办理有关登记手续后,向所在地县级人民政府交通运输主管部门进行备案,并分别附送符合本条例第三十六条、第三十七条、第三十八条规定条件的相关材料。

第四十条 道路运输站(场)经营者应当对出站的车辆进行安全检查,禁止无证经营的车辆进站从事经营活动,防止超载车辆或者未经安全检查的车辆出站。

道路运输站(场)经营者应当公平对待使用站(场)的客运经营者和货运经营者,无正当理由不得拒绝道路运输车辆进站从事经营活动。

道路运输站(场)经营者应当向旅客和货主提供安全、便捷、优质的服务;保持站(场)卫生、清洁;不得随意改变站(场)用途和服务功能。

第四十一条 道路旅客运输站(场)经营者应当为客运经营者合理安排班次,公布其运输线路、起止经停站点、运输班次、始发时间、票价,调度车辆进站、发车,疏导旅客,维持上下车秩序。

道路旅客运输站(场)经营者应当设置旅客购票、候车、行李寄存和托运等服务设施,按照车辆核定载客限额售票,并采取措施防止携带危险品的人员进站乘车。

第四十二条 道路货物运输站(场)经营者应当按照国务院交通运输主管部门规定的业务操作规程装卸、储存、保管货物。

第四十三条 机动车维修经营者应当按照国家有关技术规范对机动车进行维修,保证维修质量,不得使用假冒伪劣配件维修机动车。

机动车维修经营者应当公布机动车维修工时定额和收费标准,合理收取费用,维修服务完成后应当提供维修费用明细单。

第四十四条 机动车维修经营者对机动车进行二级维护、总成修理或者整车修理的,应当进行维修质量检验。检验合格的,维修质量检验人员应当签发机动车维修合格证。

机动车维修实行质量保证期制度。质量保证期内因维修质量原因造成机动车无法正常使用的,机动车维修经营者应当无偿返修。

机动车维修质量保证期制度的具体办法,由国务院交通运输主管部门制定。

第四十五条 机动车维修经营者不得承修已报废的机动车，不得擅自改装机动车。

第四十六条 机动车驾驶员培训机构应当按照国务院交通运输主管部门规定的教学大纲进行培训，确保培训质量。培训结业的，应当向参加培训的人员颁发培训结业证书。

第四章　国际道路运输

第四十七条 国务院交通运输主管部门应当及时向社会公布中国政府与有关国家政府签署的双边或者多边道路运输协定确定的国际道路运输线路。

第四十八条 从事国际道路运输经营的，应当具备下列条件：

（一）依照本条例第十条、第二十四条规定取得道路运输经营许可证的企业法人；

（二）在国内从事道路运输经营满3年，且未发生重大以上道路交通责任事故。

第四十九条 申请从事国际道路旅客运输经营的，应当向省、自治区、直辖市人民政府交通运输主管部门提出申请并提交符合本条例第四十八条规定条件的相关材料。省、自治区、直辖市人民政府交通运输主管部门应当自受理申请之日起20日内审查完毕，作出批准或者不予批准的决定。予以批准的，应当向国务院交通运输主管部门备案；不予批准的，应当向当事人说明理由。

从事国际道路货物运输经营的，应当向省、自治区、直辖市人民政府交通运输主管部门进行备案，并附送符合本条例第四十八条规定条件的相关材料。

国际道路运输经营者应当持有关文件依法向有关部门办理

相关手续。

第五十条 中国国际道路运输经营者应当在其投入运输车辆的显著位置,标明中国国籍识别标志。

外国国际道路运输经营者的车辆在中国境内运输,应当标明本国国籍识别标志,并按照规定的运输线路行驶;不得擅自改变运输线路,不得从事起止地都在中国境内的道路运输经营。

第五十一条 在口岸设立的国际道路运输管理机构应当加强对出入口岸的国际道路运输的监督管理。

第五十二条 外国国际道路运输经营者依法在中国境内设立的常驻代表机构不得从事经营活动。

第五章 执法监督

第五十三条 县级以上地方人民政府交通运输、公安、市场监督管理等部门应当建立信息共享和协同监管机制,按照职责分工加强对道路运输及相关业务的监督管理。

第五十四条 县级以上人民政府交通运输主管部门应当加强执法队伍建设,提高其工作人员的法制、业务素质。

县级以上人民政府交通运输主管部门的工作人员应当接受法制和道路运输管理业务培训、考核,考核不合格的,不得上岗执行职务。

第五十五条 上级交通运输主管部门应当对下级交通运输主管部门的执法活动进行监督。

县级以上人民政府交通运输主管部门应当建立健全内部监督制度,对其工作人员执法情况进行监督检查。

第五十六条 县级以上人民政府交通运输主管部门及其工作人员执行职务时,应当自觉接受社会和公民的监督。

第五十七条 县级以上人民政府交通运输主管部门应当建

立道路运输举报制度,公开举报电话号码、通信地址或者电子邮件信箱。

任何单位和个人都有权对县级以上人民政府交通运输主管部门的工作人员滥用职权、徇私舞弊的行为进行举报。县级以上人民政府交通运输主管部门及其他有关部门收到举报后,应当依法及时查处。

第五十八条 县级以上人民政府交通运输主管部门的工作人员应当严格按照职责权限和程序进行监督检查,不得乱设卡、乱收费、乱罚款。

县级以上人民政府交通运输主管部门的工作人员应当重点在道路运输及相关业务经营场所、客货集散地进行监督检查。

县级以上人民政府交通运输主管部门的工作人员在公路路口进行监督检查时,不得随意拦截正常行驶的道路运输车辆。

第五十九条 县级以上人民政府交通运输主管部门的工作人员实施监督检查时,应当有 2 名以上人员参加,并向当事人出示执法证件。

第六十条 县级以上人民政府交通运输主管部门的工作人员实施监督检查时,可以向有关单位和个人了解情况,查阅、复制有关资料。但是,应当保守被调查单位和个人的商业秘密。

被监督检查的单位和个人应当接受依法实施的监督检查,如实提供有关资料或者情况。

第六十一条 县级以上人民政府交通运输主管部门的工作人员在实施道路运输监督检查过程中,发现车辆超载行为的,应当立即予以制止,并采取相应措施安排旅客改乘或者强制卸货。

第六十二条 县级以上人民政府交通运输主管部门的工作人员在实施道路运输监督检查过程中,对没有车辆营运证又无法当场提供其他有效证明的车辆予以暂扣的,应当妥善保管,不得使用,不得收取或者变相收取保管费用。

第六章 法律责任

第六十三条 违反本条例的规定,有下列情形之一的,由县级以上地方人民政府交通运输主管部门责令停止经营,并处罚款;构成犯罪的,依法追究刑事责任:

(一)未取得道路运输经营许可,擅自从事道路普通货物运输经营,违法所得超过1万元的,没收违法所得,处违法所得1倍以上5倍以下的罚款;没有违法所得或者违法所得不足1万元的,处3000元以上1万元以下的罚款,情节严重的,处1万元以上5万元以下的罚款;

(二)未取得道路运输经营许可,擅自从事道路客运经营,违法所得超过2万元的,没收违法所得,处违法所得2倍以上10倍以下的罚款;没有违法所得或者违法所得不足2万元的,处1万元以上10万元以下的罚款;

(三)未取得道路运输经营许可,擅自从事道路危险货物运输经营,违法所得超过2万元的,没收违法所得,处违法所得2倍以上10倍以下的罚款;没有违法所得或者违法所得不足2万元的,处3万元以上10万元以下的罚款。

第六十四条 不符合本条例第九条、第二十二条规定条件的人员驾驶道路运输经营车辆的,由县级以上地方人民政府交通运输主管部门责令改正,处200元以上2000元以下的罚款;构成犯罪的,依法追究刑事责任。

第六十五条 违反本条例的规定,未经许可擅自从事道路旅客运输站(场)经营的,由县级以上地方人民政府交通运输主管部门责令停止经营;有违法所得的,没收违法所得,处违法所得2倍以上10倍以下的罚款;没有违法所得或者违法所得不足1万元的,处2万元以上5万元以下的罚款;构成犯罪的,依法追究刑事责任。

从事机动车维修经营业务不符合国务院交通运输主管部门制定的机动车维修经营业务标准的,由县级以上地方人民政府交通运输主管部门责令改正;情节严重的,由县级以上地方人民政府交通运输主管部门责令停业整顿。

从事道路货物运输站(场)经营、机动车驾驶员培训业务,未按规定进行备案的,由县级以上地方人民政府交通运输主管部门责令改正;拒不改正的,处5000元以上2万元以下的罚款。

从事机动车维修经营业务,未按规定进行备案的,由县级以上地方人民政府交通运输主管部门责令改正;拒不改正的,处3000元以上1万元以下的罚款。

备案时提供虚假材料情节严重的,其直接负责的主管人员和其他直接责任人员5年内不得从事原备案的业务。

第六十六条 违反本条例的规定,客运经营者、货运经营者、道路运输相关业务经营者非法转让、出租道路运输许可证件的,由县级以上地方人民政府交通运输主管部门责令停止违法行为,收缴有关证件,处2000元以上1万元以下的罚款;有违法所得的,没收违法所得。

第六十七条 违反本条例的规定,客运经营者、危险货物运输经营者未按规定投保承运人责任险的,由县级以上地方人民政府交通运输主管部门责令限期投保;拒不投保的,由原许可机关吊销道路运输经营许可证。

第六十八条 违反本条例的规定,客运经营者、货运经营者有下列情形之一的,由县级以上地方人民政府交通运输主管部门责令改正,处1000元以上2000元以下的罚款;情节严重的,由原许可机关吊销道路运输经营许可证:

（一）不按批准的客运站点停靠或者不按规定的线路、公布的班次行驶的；

（二）在旅客运输途中擅自变更运输车辆或者将旅客移交他人运输的；

（三）未报告原许可机关，擅自终止客运经营的。

客运经营者强行招揽旅客，货运经营者强行招揽货物或者没有采取必要措施防止货物脱落、扬撒等的，由县级以上地方人民政府交通运输主管部门责令改正，处1000元以上3000元以下的罚款；情节严重的，由原许可机关吊销道路运输经营许可证。

第六十九条 违反本条例的规定，客运经营者、货运经营者不按规定维护和检测运输车辆的，由县级以上地方人民政府交通运输主管部门责令改正，处1000元以上5000元以下的罚款。

违反本条例的规定，客运经营者、货运经营者擅自改装已取得车辆营运证的车辆的，由县级以上地方人民政府交通运输主管部门责令改正，处5000元以上2万元以下的罚款。

第七十条 违反本条例的规定，道路旅客运输站（场）经营者允许无证经营的车辆进站从事经营活动以及超载车辆、未经安全检查的车辆出站或者无正当理由拒绝道路运输车辆进站从事经营活动的，由县级以上地方人民政府交通运输主管部门责令改正，处1万元以上3万元以下的罚款。

道路货物运输站（场）经营者有前款违法情形的，由县级以上地方人民政府交通运输主管部门责令改正，处3000元以上3万元以下的罚款。

违反本条例的规定，道路运输站（场）经营者擅自改变道路运输站（场）的用途和服务功能，或者不公布运输线路、起止经停站点、运输班次、始发时间、票价的，由县级以上地方人民政府交通运输主管部门责令改正；拒不改正的，处3000元的罚款；有违法所得的,没收违法所得。

第七十一条 违反本条例的规定,机动车维修经营者使用假冒伪劣配件维修机动车,承修已报废的机动车或者擅自改装机动车的,由县级以上地方人民政府交通运输主管部门责令改正;有违法所得的,没收违法所得,处违法所得2倍以上10倍以下的罚款;没有违法所得或者违法所得不足1万元的,处2万元以上5万元以下的罚款,没收假冒伪劣配件及报废车辆;情节严重的,由县级以上地方人民政府交通运输主管部门责令停业整顿;构成犯罪的,依法追究刑事责任。

第七十二条 违反本条例的规定,机动车维修经营者签发虚假的机动车维修合格证,由县级以上地方人民政府交通运输主管部门责令改正;有违法所得的,没收违法所得,处违法所得2倍以上10倍以下的罚款;没有违法所得或者违法所得不足3000元的,处5000元以上2万元以下的罚款;情节严重的,由县级以上地方人民政府交通运输主管部门责令停业整顿;构成犯罪的,依法追究刑事责任。

第七十三条 违反本条例的规定,机动车驾驶员培训机构不严格按照规定进行培训或者在培训结业证书发放时弄虚作假的,由县级以上地方人民政府交通运输主管部门责令改正;拒不改正的,责令停业整顿。

第七十四条 违反本条例的规定,外国国际道路运输经营者未按照规定的线路运输,擅自从事中国境内道路运输或者未标明国籍识别标志的,由省、自治区、直辖市人民政府交通运输主管部门责令停止运输;有违法所得的,没收违法所得,处违法所得2倍以上10倍以下的罚款;没有违法所得或者违法所得不足1万元的,处3万元以上6万元以下的罚款。

外国国际道路运输经营者未按照规定标明国籍识别标志的,

由省、自治区、直辖市人民政府交通运输主管部门责令停止运输，处 200 元以上 2000 元以下的罚款。

从事国际道路货物运输经营，未按规定进行备案的，由省、自治区、直辖市人民政府交通运输主管部门责令改正；拒不改正的，处 5000 元以上 2 万元以下的罚款。

第七十五条 县级以上人民政府交通运输主管部门应当将道路运输及其相关业务经营者和从业人员的违法行为记入信用记录，并依照有关法律、行政法规的规定予以公示。

第七十六条 违反本条例的规定，县级以上人民政府交通运输主管部门的工作人员有下列情形之一的，依法给予行政处分；构成犯罪的，依法追究刑事责任：

（一）不依照本条例规定的条件、程序和期限实施行政许可的；

（二）参与或者变相参与道路运输经营以及道路运输相关业务的；

（三）发现违法行为不及时查处的；

（四）违反规定拦截、检查正常行驶的道路运输车辆的；

（五）违法扣留运输车辆、车辆营运证的；

（六）索取、收受他人财物，或者谋取其他利益的；

（七）其他违法行为。

第七章 附 则

第七十七条 内地与香港特别行政区、澳门特别行政区之间的道路运输，参照本条例的有关规定执行。

第七十八条 外商可以依照有关法律、行政法规和国家有关规定，在中华人民共和国境内采用中外合资、中外合作、独资形式投资有关的道路运输经营以及道路运输相关业务。

第七十九条 从事非经营性危险货物运输的,应当遵守本条例有关规定。

第八十条 县级以上地方人民政府交通运输主管部门依照本条例发放经营许可证件和车辆营运证,可以收取工本费。工本费的具体收费标准由省、自治区、直辖市人民政府财政部门、价格主管部门会同同级交通运输主管部门核定。

第八十一条 出租车客运和城市公共汽车客运的管理办法由国务院另行规定。

第八十二条 本条例自 2004 年 7 月 1 日起施行。

附录2

交通运输部关于修改
《道路运输从业人员管理规定》的决定

(交通运输部令2022年第38号)

交通运输部决定对《道路运输从业人员管理规定》(交通运输部令2019年第18号)作如下修改：

一、将第一条修改为："为加强道路运输从业人员管理，提高道路运输从业人员职业素质，根据《中华人民共和国安全生产法》《中华人民共和国道路运输条例》《危险化学品安全管理条例》以及有关法律、行政法规，制定本规定。"

二、将第二条第一款中的"道路运输经理人和"修改为"道路运输企业主要负责人和安全生产管理人员"；删去第六款。

三、将第五条第二款修改为："县级以上地方交通运输主管部门负责本行政区域内的道路运输从业人员管理工作"；删去第三款。

四、将第六条第四款修改为："鼓励机动车维修企业、机动车驾驶员培训机构优先聘用取得国家职业资格证书或者职业技能等级证书的从业人员从事机动车维修和机动车驾驶员培训工作。"

五、删去第八条中的"每月组织一次考试"和"每季度组织一次考试"。

六、第十一条增加一款，作为第二款："从事4500千克及以下普通货运车辆运营活动的驾驶员，申请从事道路危险货物运输的，应当符合前款第(一)(二)(三)(五)(六)项规定的条件。"

七、将第十四条第二项第三目修改为:"熟悉道路交通安全法规、驾驶理论、机动车构造、交通安全心理学和应急驾驶的基本知识,了解车辆维护和常见故障诊断等有关知识,具备驾驶要领讲解、驾驶动作示范、指导驾驶的教学能力。"

八、删去第十五条、第十六条、第十七条中的"及复印件"。

九、将第十六条第三项修改为:"道路旅客运输驾驶员从业资格证件或者道路货物运输驾驶员从业资格证件或者全日制驾驶职业教育学籍证明(从事 4500 千克及以下普通货运车辆运营活动的驾驶员除外)"。

十、将第十八条修改为:"交通运输主管部门对符合申请条件的申请人应当在受理考试申请之日起 30 日内安排考试。"

十一、将第十九条修改为:"交通运输主管部门应当在考试结束 5 日内公布考试成绩。实施计算机考试的,应当现场公布考试成绩。对考试合格人员,应当自公布考试成绩之日起 5 日内颁发相应的道路运输从业人员从业资格证件。"

十二、将第二十二条修改为:"交通运输主管部门应当建立道路运输从业人员从业资格管理档案,并推进档案电子化。

道路运输从业人员从业资格管理档案包括:从业资格考试申请材料,从业资格考试及从业资格证件记录,从业资格证件换发、补发、变更记录,违章、事故及诚信考核等。"

十三、删去第二十三条、第三十一条中的"和道路运输管理机构"、第四十八条中的"及道路运输管理机构"。

十四、将第二十四条中的"式样见附件3"修改为"纸质证件和电子证件式样见附件3"。

十五、将第二十七条第二款修改为:"经营性道路客货运输驾驶员、道路危险货物运输从业人员从业资格证件由设区的市级交通运输主管部门发放和管理";删去第三款。

十六、将第二十八条修改为:"交通运输主管部门应当建立道路运输从业人员从业资格证件管理数据库,推广使用从业资格电子证件。

交通运输主管部门应当结合道路运输从业人员从业资格证件的管理工作,依托信息化系统,推进从业人员管理数据共享,实现异地稽查信息共享、动态资格管理和高频服务事项跨区域协同办理。"

十七、将第二十九条第三款修改为:"道路运输从业人员服务单位等信息变更的,应当到交通运输主管部门办理从业资格证件变更手续。道路运输从业人员申请转籍的,受理地交通运输主管部门应当查询核实相应从业资格证件信息后,重新发放从业资格证件并建立档案,收回原证件并通报原发证机关注销原证件和归档";删去第四款。

十八、将第三十三条修改为:"交通运输主管部门应当通过信息化手段记录、归集道路运输从业人员的交通运输违法违章等信息。尚未实现信息化管理的,应当将经营性道路客货运输驾驶员、道路危险货物运输从业人员的违章行为记录在《中华人民共和国道路运输从业人员从业资格证》的违章记录栏内,并通报发证机关。发证机关应当将相关信息作为道路运输从业人员诚信考核的依据。"

十九、将第三十四条修改为:"道路运输从业人员诚信考核周期为 12 个月,从初次领取从业资格证件之日起计算。诚信考核等级分为优良、合格、基本合格和不合格,分别用 AAA 级、AA 级、A 级和 B 级表示。

省级交通运输主管部门应当将道路运输从业人员每年的诚信考核结果向社会公布,供公众查阅。

道路运输从业人员诚信考核具体办法另行制定。"

二十、将第三十七条第二款修改为:"经营性道路客货运输驾驶员和道路危险货物运输驾驶员诚信考核等级为不合格的,应当按照规定参加继续教育。"

二十一、在第三十八条后增加"不得超速行驶和疲劳驾驶"。

二十二、将第四十一条第四款修改为:"道路危险货物运输从业人员应当严格按照道路危险货物运输有关标准进行操作,不得违章作业。"

二十三、增加一条,作为第四十五条:"道路运输企业主要负责人和安全生产管理人员必须具备与本单位所从事的生产经营活动相应的安全生产知识和管理能力,由设区的市级交通运输主管部门对其安全生产知识和管理能力考核合格。考核不得收费。

道路运输企业主要负责人和安全生产管理人员考核管理办法另行制定。"

二十四、第四十五条改为第四十六条,修改为:"违反本规定,有下列行为之一的人员,由县级以上交通运输主管部门责令改正,处200元以上2000元以下的罚款:

(一)未取得相应从业资格证件,驾驶道路客运车辆的;

(二)使用失效、伪造、变造的从业资格证件,驾驶道路客运车辆的;

(三)超越从业资格证件核定范围,驾驶道路客运车辆的。

驾驶道路货运车辆违反前款规定的,由县级以上交通运输主管部门责令改正,处200元罚款。"

二十五、第四十六条改为第四十七条、第四十八条改为第五十条,删去其中的"构成犯罪的,依法追究刑事责任"。

二十六、增加一条,作为第四十九条:"道路运输企业主要负责人和安全生产管理人员未按照规定经考核合格的,由所在地设区的市级交通运输主管部门依照《中华人民共和国安全生产法》

第九十七条的规定进行处罚。"

二十七、将第二条、第十三条、第四十三条中的"机动车维修技术人员"统一修改为"机动车维修技术技能人员"。

二十八、将第八条、第十五条、第三十九条、附件1中的"道路运输管理机构"统一修改为"交通运输主管部门"。

二十九、在附件3中增加"(二)电子证件式样"。

条文序号和个别文字作相应调整。

本决定自公布之日(2022年11月10日)起施行。

《道路运输从业人员管理规定》根据本决定作相应修改,重新公布。

附录

道路运输从业人员管理规定

(2006年11月23日交通部发布 根据2016年4月21日《交通运输部关于修改〈道路运输从业人员管理规定〉的决定》第一次修正 根据2019年6月21日《交通运输部关于修改〈道路运输从业人员管理规定〉的决定》第二次修正 根据2022年11月10日《交通运输部关于修改〈道路运输从业人员管理规定〉的决定》第三次修正)

第一章 总 则

第一条 为加强道路运输从业人员管理,提高道路运输从业人员职业素质,根据《中华人民共和国安全生产法》《中华人民共和国道路运输条例》《危险化学品安全管理条例》以及有关法律、行政法规,制定本规定。

第二条 本规定所称道路运输从业人员是指经营性道路客货运输驾驶员、道路危险货物运输从业人员、机动车维修技术技能人员、机动车驾驶培训教练员、道路运输企业主要负责人和安全生产管理人员、其他道路运输从业人员。

经营性道路客货运输驾驶员包括经营性道路旅客运输驾驶员和经营性道路货物运输驾驶员。

道路危险货物运输从业人员包括道路危险货物运输驾驶员、装卸管理人员和押运人员。

机动车维修技术技能人员包括机动车维修技术负责人员、质量检验人员以及从事机修、电器、钣金、涂漆、车辆技术评估(含检测)作业的技术技能人员。

机动车驾驶培训教练员包括理论教练员、驾驶操作教练员、道路客货运输驾驶员从业资格培训教练员和危险货物运输驾驶员从业资格培训教练员。

其他道路运输从业人员是指除上述人员以外的道路运输从业人员,包括道路客运乘务员、机动车驾驶员培训机构教学负责人及结业考核人员、机动车维修企业价格结算员及业务接待员。

第三条 道路运输从业人员应当依法经营,诚实信用,规范操作,文明从业。

第四条 道路运输从业人员管理工作应当公平、公正、公开和便民。

第五条 交通运输部负责全国道路运输从业人员管理工作。

县级以上地方交通运输主管部门负责本行政区域内的道路运输从业人员管理工作。

第二章 从业资格管理

第六条 国家对经营性道路客货运输驾驶员、道路危险货物运输从业人员实行从业资格考试制度。其他实施国家职业资格制度的道路运输从业人员,按照国家职业资格的有关规定执行。

从业资格是对道路运输从业人员所从事的特定岗位职业素质的基本评价。

经营性道路客货运输驾驶员和道路危险货物运输从业人员必须取得相应从业资格,方可从事相应的道路运输活动。

鼓励机动车维修企业、机动车驾驶员培训机构优先聘用取得国家职业资格证书或者职业技能等级证书的从业人员从事机动车维修和机动车驾驶员培训工作。

第七条 道路运输从业人员从业资格考试应当按照交通运输部编制的考试大纲、考试题库、考核标准、考试工作规范和程序组织实施。

第八条 经营性道路客货运输驾驶员从业资格考试由设区的市级交通运输主管部门组织实施。

道路危险货物运输从业人员从业资格考试由设区的市级交通运输主管部门组织实施。

第九条 经营性道路旅客运输驾驶员应当符合下列条件：

(一)取得相应的机动车驾驶证1年以上；

(二)年龄不超过60周岁；

(三)3年内无重大以上交通责任事故；

(四)掌握相关道路旅客运输法规、机动车维修和旅客急救基本知识；

(五)经考试合格,取得相应的从业资格证件。

第十条 经营性道路货物运输驾驶员应当符合下列条件：

(一)取得相应的机动车驾驶证；

(二)年龄不超过60周岁；

(三)掌握相关道路货物运输法规、机动车维修和货物装载保管基本知识；

(四)经考试合格,取得相应的从业资格证件。

第十一条 道路危险货物运输驾驶员应当符合下列条件：

(一)取得相应的机动车驾驶证；

(二)年龄不超过60周岁；

(三)3年内无重大以上交通责任事故；

(四)取得经营性道路旅客运输或者货物运输驾驶员从业资格2年以上或者接受全日制驾驶职业教育的；

(五)接受相关法规、安全知识、专业技术、职业卫生防护和应急救援知识的培训,了解危险货物性质、危害特征、包装容器的使用特性和发生意外时的应急措施；

(六)经考试合格,取得相应的从业资格证件。

从事4500千克及以下普通货运车辆运营活动的驾驶员,申请从事道路危险货物运输的,应当符合前款第(一)(二)(三)(五)(六)项规定的条件。

第十二条 道路危险货物运输装卸管理人员和押运人员应当符合下列条件:

(一)年龄不超过60周岁;

(二)初中以上学历;

(三)接受相关法规、安全知识、专业技术、职业卫生防护和应急救援知识的培训,了解危险货物性质、危害特征、包装容器的使用特性和发生意外时的应急措施;

(四)经考试合格,取得相应的从业资格证件。

第十三条 机动车维修技术技能人员应当符合下列条件:

(一)技术负责人员

1.具有机动车维修或者相关专业大专以上学历,或者具有机动车维修或相关专业中级以上专业技术职称;

2.熟悉机动车维修业务,掌握机动车维修相关政策法规和技术规范。

(二)质量检验人员

1.具有高中以上学历;

2.熟悉机动车维修检测作业规范,掌握机动车维修故障诊断和质量检验的相关技术,熟悉机动车维修服务标准相关政策法规和技术规范。

(三)从事机修、电器、钣金、涂漆、车辆技术评估(含检测)作业的技术技能人员

1.具有初中以上学历;

2.熟悉所从事工种的维修技术和操作规范,并了解机动车维

修相关政策法规。

第十四条 机动车驾驶培训教练员应当符合下列条件：

(一)理论教练员

1. 取得机动车驾驶证,具有 2 年以上安全驾驶经历;

2. 具有汽车及相关专业中专以上学历或者汽车及相关专业中级以上技术职称;

3. 掌握道路交通安全法规、驾驶理论、机动车构造、交通安全心理学、常用伤员急救等安全驾驶知识,了解车辆环保和节约能源的有关知识,了解教育学、教育心理学的基本教学知识,具备编写教案、规范讲解的授课能力。

(二)驾驶操作教练员

1. 取得相应的机动车驾驶证,符合安全驾驶经历和相应车型驾驶经历的要求;

2. 年龄不超过 60 周岁;

3. 熟悉道路交通安全法规、驾驶理论、机动车构造、交通安全心理学和应急驾驶的基本知识,了解车辆维护和常见故障诊断等有关知识,具备驾驶要领讲解、驾驶动作示范、指导驾驶的教学能力。

(三)道路客货运输驾驶员从业资格培训教练员

1. 具有汽车及相关专业大专以上学历或者汽车及相关专业高级以上技术职称;

2. 掌握道路旅客运输法规、货物运输法规以及机动车维修、货物装卸保管和旅客急救等相关知识,具备相应的授课能力;

3. 具有 2 年以上从事普通机动车驾驶员培训的教学经历,且近 2 年无不良的教学记录。

(四)危险货物运输驾驶员从业资格培训教练员

1. 具有化工及相关专业大专以上学历或者化工及相关专业

高级以上技术职称；

2.掌握危险货物运输法规、危险化学品特性、包装容器使用方法、职业安全防护和应急救援等知识，具备相应的授课能力；

3.具有2年以上化工及相关专业的教学经历，且近2年无不良的教学记录。

第十五条 申请参加经营性道路客货运输驾驶员从业资格考试的人员，应当向其户籍地或者暂住地设区的市级交通运输主管部门提出申请，填写《经营性道路客货运输驾驶员从业资格考试申请表》(式样见附件1)，并提供下列材料：

(一)身份证明；

(二)机动车驾驶证；

(三)申请参加道路旅客运输驾驶员从业资格考试的，还应当提供道路交通安全主管部门出具的3年内无重大以上交通责任事故记录证明。

第十六条 申请参加道路危险货物运输驾驶员从业资格考试的，应当向其户籍地或者暂住地设区的市级交通运输主管部门提出申请，填写《道路危险货物运输从业人员从业资格考试申请表》(式样见附件2)，并提供下列材料：

(一)身份证明；

(二)机动车驾驶证；

(三)道路旅客运输驾驶员从业资格证件或者道路货物运输驾驶员从业资格证件或者全日制驾驶职业教育学籍证明(从事4500千克及以下普通货运车辆运营活动的驾驶员除外)；

(四)相关培训证明；

(五)道路交通安全主管部门出具的3年内无重大以上交通责任事故记录证明。

第十七条 申请参加道路危险货物运输装卸管理人员和押

运人员从业资格考试的,应当向其户籍地或者暂住地设区的市级交通运输主管部门提出申请,填写《道路危险货物运输从业人员从业资格考试申请表》,并提供下列材料:

(一)身份证明;

(二)学历证明;

(三)相关培训证明。

第十八条 交通运输主管部门对符合申请条件的申请人应当在受理考试申请之日起 30 日内安排考试。

第十九条 交通运输主管部门应当在考试结束 5 日内公布考试成绩。实施计算机考试的,应当现场公布考试成绩。对考试合格人员,应当自公布考试成绩之日起 5 日内颁发相应的道路运输从业人员从业资格证件。

第二十条 道路运输从业人员从业资格考试成绩有效期为 1 年,考试成绩逾期作废。

第二十一条 申请人在从业资格考试中有舞弊行为的,取消当次考试资格,考试成绩无效。

第二十二条 交通运输主管部门应当建立道路运输从业人员从业资格管理档案,并推进档案电子化。

道路运输从业人员从业资格管理档案包括:从业资格考试申请材料,从业资格考试及从业资格证件记录,从业资格证件换发、补发、变更记录,违章、事故及诚信考核等。

第二十三条 交通运输主管部门应当向社会提供道路运输从业人员相关从业信息的查询服务。

第三章 从业资格证件管理

第二十四条 经营性道路客货运输驾驶员、道路危险货物运输从业人员经考试合格后,取得《中华人民共和国道路运输从业人员从业资格证》(纸质证件和电子证件式样见附件3)。

第二十五条 道路运输从业人员从业资格证件全国通用。

第二十六条 已获得从业资格证件的人员需要增加相应从业资格类别的,应当向原发证机关提出申请,并按照规定参加相应培训和考试。

第二十七条 道路运输从业人员从业资格证件由交通运输部统一印制并编号。

经营性道路客货运输驾驶员、道路危险货物运输从业人员从业资格证件由设区的市级交通运输主管部门发放和管理。

第二十八条 交通运输主管部门应当建立道路运输从业人员从业资格证件管理数据库,推广使用从业资格电子证件。

交通运输主管部门应当结合道路运输从业人员从业资格证件的管理工作,依托信息化系统,推进从业人员管理数据共享,实现异地稽查信息共享、动态资格管理和高频服务事项跨区域协同办理。

第二十九条 道路运输从业人员从业资格证件有效期为6年。道路运输从业人员应当在从业资格证件有效期届满30日前到原发证机关办理换证手续。

道路运输从业人员从业资格证件遗失、毁损的,应当到原发证机关办理证件补发手续。

道路运输从业人员服务单位等信息变更的,应当到交通运输主管部门办理从业资格证件变更手续。道路运输从业人员申请转籍的,受理地交通运输主管部门应当查询核实相应从业资格证件信息后,重新发放从业资格证件并建立档案,收回原证件并通报原发证机关注销原证件和归档。

第三十条 道路运输从业人员办理换证、补证和变更手续,应当填写《道路运输从业人员从业资格证件换发、补发、变更登记表》(式样见附件4)。

第三十一条 交通运输主管部门应当对符合要求的从业资格证件换发、补发、变更申请予以办理。

申请人违反相关从业资格管理规定且尚未接受处罚的,受理机关应当在其接受处罚后换发、补发、变更相应的从业资格证件。

第三十二条 道路运输从业人员有下列情形之一的,由发证机关注销其从业资格证件:

(一)持证人死亡的;

(二)持证人申请注销的;

(三)经营性道路客货运输驾驶员、道路危险货物运输从业人员年龄超过60周岁的;

(四)经营性道路客货运输驾驶员、道路危险货物运输驾驶员的机动车驾驶证被注销或者被吊销的;

(五)超过从业资格证件有效期180日未申请换证的。

凡被注销的从业资格证件,应当由发证机关予以收回,公告作废并登记归档;无法收回的,从业资格证件自行作废。

第三十三条 交通运输主管部门应当通过信息化手段记录、归集道路运输从业人员的交通运输违法违章等信息。尚未实现信息化管理的,应当将经营性道路客货运输驾驶员、道路危险货物运输从业人员的违章行为记录在《中华人民共和国道路运输从业人员从业资格证》的违章记录栏内,并通报发证机关。发证机关应当将相关信息作为道路运输从业人员诚信考核的依据。

第三十四条 道路运输从业人员诚信考核周期为12个月,从初次领取从业资格证件之日起计算。诚信考核等级分为优良、合格、基本合格和不合格,分别用AAA级、AA级、A级和B级表示。

省级交通运输主管部门应当将道路运输从业人员每年的诚信考核结果向社会公布,供公众查阅。

道路运输从业人员诚信考核具体办法另行制定。

第四章 从业行为规定

第三十五条 经营性道路客货运输驾驶员以及道路危险货物运输从业人员应当在从业资格证件许可的范围内从事道路运输活动。道路危险货物运输驾驶员除可以驾驶道路危险货物运输车辆外,还可以驾驶原从业资格证件许可的道路旅客运输车辆或者道路货物运输车辆。

第三十六条 道路运输从业人员在从事道路运输活动时,应当携带相应的从业资格证件,并应当遵守国家相关法规和道路运输安全操作规程,不得违法经营、违章作业。

第三十七条 道路运输从业人员应当按照规定参加国家相关法规、职业道德及业务知识培训。

经营性道路客货运输驾驶员和道路危险货物运输驾驶员诚信考核等级为不合格的,应当按照规定参加继续教育。

第三十八条 经营性道路客货运输驾驶员和道路危险货物运输驾驶员不得超限、超载运输,连续驾驶时间不得超过 4 个小时,不得超速行驶和疲劳驾驶。

第三十九条 经营性道路旅客运输驾驶员和道路危险货物运输驾驶员应当按照规定填写行车日志。行车日志式样由省级交通运输主管部门统一制定。

第四十条 经营性道路旅客运输驾驶员应当采取必要措施保证旅客的人身和财产安全,发生紧急情况时,应当积极进行救护。

经营性道路货物运输驾驶员应当采取必要措施防止货物脱落、扬撒等。

严禁驾驶道路货物运输车辆从事经营性道路旅客运输活动。

第四十一条 道路危险货物运输驾驶员应当按照道路交通安全主管部门指定的行车时间和路线运输危险货物。

道路危险货物运输装卸管理人员应当按照安全作业规程对道路危险货物装卸作业进行现场监督,确保装卸安全。

道路危险货物运输押运人员应当对道路危险货物运输进行全程监管。

道路危险货物运输从业人员应当严格按照道路危险货物运输有关标准进行操作,不得违章作业。

第四十二条 在道路危险货物运输过程中发生燃烧、爆炸、污染、中毒或者被盗、丢失、流散、泄漏等事故,道路危险货物运输驾驶员、押运人员应当立即向当地公安部门和所在运输企业或者单位报告,说明事故情况、危险货物品名和特性,并采取一切可能的警示措施和应急措施,积极配合有关部门进行处置。

第四十三条 机动车维修技术技能人员应当按照维修规范和程序作业,不得擅自扩大维修项目,不得使用假冒伪劣配件,不得擅自改装机动车,不得承修已报废的机动车,不得利用配件拼装机动车。

第四十四条 机动车驾驶培训教练员应当按照全国统一的教学大纲实施教学,规范填写教学日志和培训记录,不得擅自减少学时和培训内容。

第四十五条 道路运输企业主要负责人和安全生产管理人员必须具备与本单位所从事的生产经营活动相应的安全生产知识和管理能力,由设区的市级交通运输主管部门对其安全生产知识和管理能力考核合格。考核不得收费。

道路运输企业主要负责人和安全生产管理人员考核管理办法另行制定。

第五章 法律责任

第四十六条 违反本规定,有下列行为之一的人员,由县级以上交通运输主管部门责令改正,处 200 元以上 2000 元以下的罚款:

(一)未取得相应从业资格证件,驾驶道路客运车辆的;

(二)使用失效、伪造、变造的从业资格证件,驾驶道路客运车辆的;

(三)超越从业资格证件核定范围,驾驶道路客运车辆的。

驾驶道路货运车辆违反前款规定的,由县级以上交通运输主管部门责令改正,处 200 元罚款。

第四十七条 违反本规定,有下列行为之一的人员,由设区的市级交通运输主管部门处 5 万元以上 10 万元以下的罚款:

(一)未取得相应从业资格证件,从事道路危险货物运输活动的;

(二)使用失效、伪造、变造的从业资格证件,从事道路危险货物运输活动的;

(三)超越从业资格证件核定范围,从事道路危险货物运输活动的。

第四十八条 道路运输从业人员有下列不具备安全条件情形之一的,由发证机关撤销其从业资格证件:

(一)经营性道路客货运输驾驶员、道路危险货物运输从业人员身体健康状况不符合有关机动车驾驶和相关从业要求且没有主动申请注销从业资格的;

(二)经营性道路客货运输驾驶员、道路危险货物运输驾驶员发生重大以上交通事故,且负主要责任的;

(三)发现重大事故隐患,不立即采取消除措施,继续作业的。

被撤销的从业资格证件应当由发证机关公告作废并登记归档。

第四十九条 道路运输企业主要负责人和安全生产管理人员未按照规定经考核合格的,由所在地设区的市级交通运输主管部门依照《中华人民共和国安全生产法》第九十七条的规定进行处罚。

第五十条 违反本规定,交通运输主管部门工作人员有下列情形之一的,依法给予行政处分:

(一)不按规定的条件、程序和期限组织从业资格考试的;

(二)发现违法行为未及时查处的;

(三)索取、收受他人财物及谋取其他不正当利益的;

(四)其他违法行为。

第六章　附　　则

第五十一条 从业资格考试收费标准和从业资格证件工本费由省级以上交通运输主管部门会同同级财政部门、物价部门核定。

第五十二条 使用总质量 4500 千克及以下普通货运车辆的驾驶人员,不适用本规定。

第五十三条 本规定自 2007 年 3 月 1 日起施行。2001 年 9 月 6 日公布的《营业性道路运输驾驶员职业培训管理规定》(交通部令 2001 年第 7 号)同时废止。

附件1

经营性道路客货运输驾驶员从业资格考试申请表

姓名		性别		学历		
住址		(电话)				照片
工作单位		(电话)				
身份证号						
培训单位						
驾驶证准驾车型			初领驾驶证日期		年 月 日	
申请种类			初领□	增加□		
原从业资格证件号						
申请类别		道路旅客运输□		道路货物运输□		
材料清单		身份证明□　驾驶证□ 无重大以上责任事故记录证明□				
承诺		本人承诺上述所有内容真实、有效,并承担由此产生的法律责任。 　　　　　　　　　　本人签字：　　日期：				
考试记录		成绩	考核员		考核员	
交通运输主管部门意见		(盖章) 　　　年　月　日				
从业资格证件发放		发放人(签字)		日期		
		领取人(签字)		日期		

附件2

道路危险货物运输从业人员从业资格考试申请表

姓名		性别		学历		照片
住址		（电话）				
工作单位		（电话）				
身份证号						
培训单位						
原从业资格证件号						
驾驶证准驾车型			初领驾驶证日期		年 月 日	
申请类别	道路危险货物运输驾驶员□		道路危险货物运输装卸管理人员□		道路危险货物运输押运人员□	
材料清单	身份证明□ 学历证明□ 危险货物运输培训证明□ 驾驶证□ 道路旅客运输从业资格证□ 道路货物运输从业资格证□ 无重大以上责任事故记录证明□ 全日制驾驶职业教育学籍证明□					
承诺	本人承诺上述所有内容真实、有效，并承担由此产生的法律责任。 本人签字： 日期：					
考试记录	成绩		考核员		考核员	
交通运输主管部门意见	（盖章） 年 月 日					
从业资格证件发放	发放人（签字）			日期		
	领取人（签字）			日期		

附件3
中华人民共和国道路运输从业人员从业资格证式样
（一）纸质证件式样

附录

姓名		性别	
出生日期		国籍	
住址			
证号			
准驾车型			
二维码区			

（第2页）

发证机关	从业资格类别：		
	初次领证日期	年 月	日
	有效起始日期	年 月	日
	有效期限		（盖章）
发证机关	从业资格类别：		
	初次领证日期	年 月	日
	有效起始日期	年 月	日
	有效期限		（盖章）
发证机关	从业资格类别：		
	初次领证日期	年 月	日
	有效起始日期	年 月	日
	有效期限		（盖章）

（第3页）

注册(登记)记录

从业资格类别	记录内容

（第4页）

继续教育记录

从业资格类别	记录内容

（第5页）

(第6页)

诚信(信誉)考核记录		
从业资格类别	年度	考核结果

(第7页)

违章和计分记录	
从业资格类别	记录内容

(第8页)

违章和计分记录	
从业资格类别	记录内容

(第9页)

证书使用说明

1.本证为道路运输从业资格的有效证件，在全国范围内通用，必须随身携带。

2.本证有效期届满30日前需到原发证机关办理换证手续。本证遗失、毁损或变更的，需到原发证机关办理证件补发或变更手续。

3.持证人员需按从业资格管理规定进行注册(登记)，并按期进行继续教育、诚信(信誉)考核。

说明：

1. 封面

字体字号分别为：

"中华人民共和国道路运输从业人员"——17磅汉仪楷体简体，烫金压凹。

"从业资格证"——24磅汉仪楷体简体，烫金压凹。

"国徽"——宽33mm，高35mm，烫金压凹。

2. 封底

"中华人民共和国交通运输部制"——10磅汉仪楷体简体，压凹。

3. 成品尺寸：宽80mm，高115mm。

4. 第2、3页内容只能打印，禁止手写或者涂改。采用电子证件的，应当包含本式样所确定的相关信息。

5. 第3页发证机关栏中，每栏的从业资格类别打印1类从业资格类别汉字全称，示例：经营性道路旅客运输驾驶员。每证不超过3类从业资格类别，按取得从业资格的先后顺序由上到下依次打印。

6. 第4~8页注册（登记）、继续教育、诚信（信誉）考核、违章和计分等记录对应的从业资格类别栏打印从业资格类别汉字简称，示例：客运驾驶员。

(二) 电子证件式样

中华人民共和国交通运输部监制

注:关于电子证件的具体要求,参见《道路运输电子证照 从业资格证》(JT/T 1290)相关规定。

附件4

道路运输从业人员从业资格证件换发、补发、变更登记表

姓名		性别		学历		照片
住址		(电话)				
工作单位		(电话)				
身份证号						
驾驶证准驾车型			初领驾驶证日期			
原从业资格证件号			初领从业资格证件日期		年 月 日	
申请种类	换发□		补发□		变更□	
申请理由						
承诺	本人承诺上述所有内容真实、有效,并承担由此产生的法律责任。 　　　　　　本人签字：　　　日期：					
管理部门意见	 (盖章) 年 月 日					
从业资格证件发放	发放人(签字)			日期		
	领取人(签字)			日期		

附录3

道路运输驾驶员诚信考核办法

（交运规〔2022〕6号）

第一章 总 则

第一条 为加强道路运输驾驶员动态管理，推进道路运输驾驶员诚信体系建设，引导道路运输驾驶员依法经营，诚实信用，根据《中华人民共和国道路运输条例》《危险化学品安全管理条例》《道路运输从业人员管理规定》等法规规章，制定本办法。

第二条 道路运输驾驶员的诚信考核，应当遵守本办法。

本办法所称的道路运输驾驶员，是指经营性道路客货运输驾驶员和道路危险货物运输驾驶员。

本办法所称的诚信考核，是指对道路运输驾驶员在道路运输活动中的安全生产、遵守法规和服务质量等情况进行的综合评价。

第三条 道路运输驾驶员诚信考核工作应当遵循公平、公正、公开和便民的原则。

第四条 道路运输驾驶员应当自觉遵守国家相关法律、行政法规及规章，诚实信用，文明从业，履行社会责任，为社会提供安全、优质的运输服务。

第五条 交通运输主管部门应当依托信息化方式组织开展道路运输驾驶员诚信考核，推动道路运输驾驶员高频服务事项"跨省通办"和道路运输从业资格电子证件应用，实现"电子建档、数据互联、系统归集、自动评价"。

第六条 交通运输部指导全国道路运输驾驶员诚信考核工作。

县级以上地方人民政府交通运输主管部门负责组织实施本行政区域内的道路运输驾驶员诚信考核工作。

第二章 诚信考核等级与计分

第七条 道路运输驾驶员诚信考核等级分为优良、合格、基本合格和不合格,分别用 AAA 级、AA 级、A 级和 B 级表示。

第八条 道路运输驾驶员诚信考核内容包括:

(一)安全生产情况:安全生产责任事故情况;

(二)遵守法规情况:违反道路运输相关法律、法规、规章的有关情况;

(三)服务质量情况:服务质量事件和有责投诉的有关情况。

第九条 道路运输驾驶员诚信考核实行计分制,考核周期为 12 个月,满分为 20 分,从道路运输驾驶员初次领取从业资格证件之日起计算。一个考核周期届满,经确定诚信考核等级后,该考核周期内的计分予以清除,不转入下一个考核周期。

根据道路运输驾驶员违反诚信考核指标的情况,一次计分的分值分别为:20 分、10 分、5 分、3 分、1 分五种。计分分值标准见附件。

第十条 对道路运输驾驶员的道路运输违法行为,处罚与计分同时执行。

道路运输驾驶员一次有两个以上违法行为的,计分时应当分别计算,累加分值。道路运输驾驶员同一违法行为同时符合两个以上计分情形的,按照较重情形予以计分。

第十一条 经依法变更或者撤销道路运输驾驶员违法行为处罚决定的,相应计分分值予以变更或者撤销,相应的诚信考核等级按规定予以调整。

第十二条 道路运输驾驶员诚信考核等级,由交通运输主管部门按照下列标准进行评定:

(一)道路运输驾驶员具备以下条件的,诚信考核等级为AAA级:

1.上一考核周期的诚信考核等级为AA级及以上;

2.考核周期内累计计分分值为0分。

(二)道路运输驾驶员具备以下条件的,诚信考核等级为AA级:

1.未达到AAA级的考核条件;

2.上一考核周期的诚信考核等级为A级及以上;

3.考核周期内累计计分分值未达到10分。

(三)道路运输驾驶员具备以下条件的,诚信考核等级为A级:

1.未达到AA级的考核条件;

2.考核周期内累计计分分值未达到20分。

(四)道路运输驾驶员考核周期内累计计分有20分及以上记录的,诚信考核等级为B级。

(五)新取得道路运输从业资格证件或者初次参加诚信考核的道路运输驾驶员,其诚信考核初始等级为A级。

第三章 诚信考核实施与管理

第十三条 设区的市级交通运输主管部门应当建立道路运输驾驶员诚信档案,并及时将道路运输驾驶员的相关信息和材料存入其诚信档案。

根据道路运输驾驶员的从业资格类别,道路运输驾驶员诚信档案主要内容包括:

（一）基本情况，包括道路运输驾驶员的姓名、性别、身份证号、住址、联系电话、服务单位、初领驾驶证日期、准驾车型、从业资格证号、从业资格类别、从业资格证件领取时间和变更记录以及继续教育情况等；

（二）安全生产记录，包括有关部门抄告的以及交通运输主管部门掌握的责任事故的时间、地点、事故原因、事故经过、死伤人数、经济损失等事故概况以及责任认定和处理情况；

（三）遵守法规情况，包括本行政区域内查处的和本行政区域外共享或者抄告的道路运输驾驶员违反道路运输相关法律法规的情况；

（四）服务质量记录，包括经交通运输主管部门通报、行业协会组织公告、有关媒体曝光并经核实的服务质量事件的时间、社会影响等情况，以及有责投诉的投诉人、投诉内容、责任人、受理机关及处理情况；

（五）道路运输驾驶员历次诚信考核等级相关情况。

第十四条 道路运输驾驶员基本情况信息保存到从业资格证件注销或者撤销后3年。安全生产、遵守法规、服务质量信息保存期不少于3年。

第十五条 交通运输主管部门应当畅通投诉渠道，收集并汇总道路运输驾驶员的有关诚信信息，存入道路运输驾驶员诚信档案。

不具备法律效力的证据或者正在处理的涉及驾驶员违反道路运输法规的相关情况，不作为道路运输驾驶员诚信考核的依据。

第十六条 省级交通运输主管部门应当建立道路运输驾驶员信息共享机制，推动交通运输行政执法综合管理信息系统与道路运政管理信息系统业务协同，并依托交通运输部数据资源共享平台及时将本辖区查处的外省道路运输驾驶员的违法行为和计分情况,共享至相应的省级交通运输主管部门。

收到共享信息的省级交通运输主管部门应当及时将相关信息存入道路运输驾驶员诚信档案。

第十七条 道路运输驾驶员诚信考核信息应当真实、客观,信息采集应当确保全面、准确、及时,实现全过程记录和可追溯。交通运输主管部门应当在3日内将道路运输驾驶员违法行为和计分信息更新至诚信档案,并依托交通运输部互联网道路运输便民政务服务系统等将道路运输驾驶员计分情况、诚信考核等级等信息及时提供给道路运输驾驶员查询。

第十八条 道路运输驾驶员诚信考核周期届满后20日内,设区的市级交通运输主管部门应当根据道路运输驾驶员诚信考核计分情况及相关证明材料等确定诚信考核等级。

诚信考核周期内,发生较大以上道路交通事故尚未有责任认定结论的,交通运输主管部门应当待事故责任明确后,确定诚信考核等级。

第十九条 交通运输主管部门应当依法依规向社会公布本辖区内道路运输驾驶员历次考核周期的计分分值、诚信考核等级等信息查询方式,可通过交通运输部互联网道路运输便民政务服务系统等为道路运输驾驶员提供诚信考核等级查询、下载、打印等服务。

第二十条 单位和个人对公布的诚信考核信息有异议的,可以在公告之日起15日内,向交通运输主管部门进行书面举报或举证,并提供相关证明材料。

举报人应当如实签署姓名或者单位名称,并附联系方式。

交通运输主管部门应当为举报人保密,不得向其他单位或者个人泄漏举报人的姓名及有关情况。

第四章 奖惩措施

第二十一条 交通运输主管部门应当根据道路运输驾驶员诚信考核等情况实施分级分类监管。对诚信考核等级为不合格的驾驶员,应当纳入行业重点监管对象,提高监督检查频次。

第二十二条 道路运输经营者应当及时掌握本单位道路运输驾驶员的诚信考核等级,并依法加强对诚信考核等级为不合格的道路运输驾驶员的教育和管理。

第二十三条 道路运输驾驶员诚信考核等级为不合格的,应当在诚信考核等级确定后30日内,按照《道路运输从业人员管理规定》要求,到道路运输企业或者从业资格培训机构接受不少于18个学时的道路运输法规、职业道德和安全知识的继续教育,完成规定的继续教育后,其诚信考核等级恢复为A级。

第二十四条 鼓励道路运输经营者以及其他相关的社团组织对诚信考核等级为AAA级的道路运输驾驶员进行表彰奖励。

交通运输主管部门对于道路运输经营者一年内所属诚信考核等级为AAA级的驾驶员比例达到80%以上或者AA级、AAA级驾驶员比例达到90%以上,且均没有不合格驾驶员的,可以在行业表彰奖励等方面建立激励机制。

第二十五条 鼓励道路运输经营者安排诚信考核等级为A级及以上的道路运输驾驶员,承担具有重大政治和国防战备意义、社会影响大、安全风险高的运输生产任务;安排其承担国家法定节假日期间的道路旅客运输任务。

第二十六条 道路运输经营者在一个年度内,所属取得从业资格证件的道路运输驾驶员累计有20%以上诚信考核等级为B级的,交通运输主管部门应当向其下发整改通知书,并不得将其作为道路运输行业表彰评优的对象。

第五章 附　　则

第二十七条　各省、自治区、直辖市交通运输主管部门可依据本办法制定实施细则。

第二十八条　省级交通运输主管部门可以参照本办法制定道路危险货物运输押运人员、装卸管理人员以及机动车驾驶培训教练员和机动车维修技术人员诚信考核办法。

第二十九条　本办法由中华人民共和国交通运输部负责解释。

第三十条　本办法自2022年9月1日起施行。《关于印发道路运输驾驶员诚信考核办法（试行）的通知》（交公路发〔2008〕280号）和《关于印发〈道路运输驾驶员继续教育办法〉的通知》（交运发〔2011〕106号）同时废止。

附件

道路运输驾驶员诚信考核计分分值标准

一、道路运输驾驶员有下列情形之一的,一次计20分:

1. 从事道路运输经营活动,发生重大以上道路交通事故,且负同等责任的;

2. 转让、出租从业资格证件的;

3. 超越从业资格证件核定范围,从事道路运输活动的;

4. 驾驶未取得《道路运输证》的危险货物运输车辆,从事道路危险货物运输的;

5. 在危险货物运输过程中发生燃烧、爆炸、污染、中毒或者被盗、丢失、流散、泄漏等事故,驾驶员未按照要求进行应急处置并报告的;

6. 本次诚信考核过程中发现其有弄虚作假、隐瞒相关诚信考核情况,且情节严重的。

二、道路运输驾驶员有下列情形之一的,一次计10分:

1. 从事道路运输经营活动,发生重大以上道路交通事故,且负次要责任的;

2. 从事道路运输经营活动,发生较大道路交通事故,且负同等及以上责任的;

3. 驾驶未取得《道路运输证》的旅客或者货物运输车辆,从事道路旅客或者货物运输经营活动的;

4. 驾驶无包车客运标志牌的车辆,从事客运包车经营的;

5. 驾驶未取得《超限运输车辆通行证》的车辆,从事超限运输经营活动的;

6. 擅自涂改、伪造、变造从业资格证件上相关记录的；

7. 破坏卫星定位装置、视频监控装置以及恶意人为干扰、屏蔽卫星定位装置、视频监控装置的；

8. 有受到省级及以上交通运输主管部门通报批评的服务质量记录的。

三、道路运输驾驶员有下列情形之一的，一次计5分：

1. 从事道路运输经营活动，发生较大道路交通事故，且负次要责任的；

2. 驾驶无道路客运班线经营许可的车辆，从事班车客运经营的；

3. 超越《道路运输证》上注明的经营类别或者经营范围，从事道路运输经营活动的；

4. 驾驶擅自改装的车辆，从事道路运输经营活动的；

5. 驾驶客运班车不按批准的客运站点停靠或者不按规定的线路、班次行驶的；

6. 驾驶长途客运班车凌晨2时至5时违规运行或者虚假接驳的；

7. 驾驶客运包车未按照约定的时间、起始地、目的地和线路行驶的；

8. 未配合汽车客运站执行车辆安全例行检查以及出站检查制度，擅自驾驶客车出站的；

9. 在旅客运输途中擅自变更运输车辆或者将旅客移交他人运输的；

10. 驾驶的危险货物运输车辆未按照危险化学品的特性采取必要安全防护措施的；

11. 有受到设区的市级交通运输主管部门通报批评的服务质量记录的。

四、道路运输驾驶员有下列情形之一的,一次计3分:

1. 没有采取必要措施防止货物脱落、扬撒的;

2. 驾驶未按规定维护、检测的车辆,从事道路运输经营活动的;

3. 驾驶未按规定投保承运人责任险的车辆,从事道路旅客或者危险货物运输经营活动的;

4. 经营性道路旅客运输驾驶员24小时累计驾驶时间超过8个小时,日间连续驾驶超过4个小时,夜间连续驾驶超过2个小时,每次停车休息时间少于20分钟的;经营性道路货物运输驾驶员和道路危险货物运输驾驶员连续驾驶时间超过4个小时,每次停车休息时间少于20分钟的;

5. 有受到县级交通运输主管部门通报批评、行业协会组织公告、有关媒体曝光并经核实的服务质量记录的;

6. 未按《道路运输从业人员管理规定》及本办法要求参加继续教育的。

五、道路运输驾驶员有下列情形之一的,一次计1分:

1. 未按规定随车携带《道路客运班线经营信息表》,从事班线客运经营的;

2. 未在规定位置放置客运标志牌,从事道路旅客运输经营活动的;

3. 道路危险货物运输驾驶员未按照规定随车携带《道路运输危险货物安全卡》的;

4. 道路危险货物运输驾驶员未按规定随车携带危险货物运单的;

5. 一类、二类道路客运班线以及包车客运驾驶员未按规定填写行车日志的;

6. 通过12328交通运输服务监督热线受理以及12345等地方政务服务便民热线转办的投诉举报,经核实属实且有责的。

附录4

交通运输部办公厅 公安部办公厅关于推进道路货物运输驾驶员从业资格管理改革的通知

(交办运〔2023〕35号)

各省、自治区、直辖市、新疆生产建设兵团交通运输厅(局、委)、公安厅(局)：

为贯彻落实党中央、国务院决策部署，深入推进道路货物运输驾驶员从业资格管理改革，进一步降低道路货物运输驾驶员负担，经交通运输部、公安部同意，现就做好道路货物运输驾驶员(道路危险货物运输驾驶员除外)从业资格管理改革有关工作通知如下：

一、总体要求

以习近平新时代中国特色社会主义思想为指导，全面贯彻落实党的二十大精神，坚持以人民为中心，以降低从业人员经营负担为目标，推进实施道路货物运输驾驶员从业资格管理改革，将道路货物运输驾驶员从业资格考试安全驾驶理论内容纳入大型货车(B2)、重型牵引挂车(A2)驾驶人科目三安全文明驾驶常识考试，简化道路货物运输驾驶员从业资格证申领手续，申请道路货物运输驾驶员从业资格证的人员，凭取得的相应机动车驾驶证向交通运输主管部门直接申领道路货物运输驾驶员从业资格证，切实便利道路货物运输驾驶员从业、就业、择业。

二、完善机动车驾驶培训考试内容

各地交通运输主管部门要督促指导机动车驾驶培训机构,严格按照新修订的《机动车驾驶培训教学与考试大纲》(交运发〔2022〕36号)培训内容和学时要求,规范开展大型货车(B2)、重型牵引挂车(A2)准驾车型的机动车驾驶培训教学,确保培训质量;对发现驾驶培训机构减少培训项目和学时的,依法严肃查处。各地公安交管部门要按照更新后的机动车驾驶人考试题库,规范开展大型货车(B2)、重型牵引挂车(A2)驾驶人考试,不得减少考试项目、缩短考试里程、降低评判标准,切实保障考试质量。申请人考试合格后,公安交管部门按照规定核发相应准驾车型的机动车驾驶证。需要从事道路货物运输经营的人员,凭相应准驾车型的机动车驾驶证到当地交通运输主管部门申领从业资格证,实现"一次报名、一次培训、一次考试、申领两证"。

三、简化从业资格证件申领流程

申请从事道路货物运输经营的人员,可在当地政务服务大厅或互联网道路运输便民政务服务系统(以下简称便民政务系统)等进行线下或线上申请,提交身份证、机动车驾驶证等相关证明材料,由当地交通运输主管部门进行审核。经审核符合申领要求的,交通运输主管部门应当及时发放从业资格证纸质证件或电子证件。

四、优化从业资格便民政务服务

各地交通运输主管部门要积极利用便民政务系统等信息化手段,开展道路货物运输驾驶员从业资格证件申领、发放、变更和注销等工作,积极推广应用道路运输电子证照。要做好道路货物运输驾驶员从业资格信息的数据上传、更新和共享,持续推进道路货物运输驾驶员从业资格证件补发、换发、变更、注销、诚信考核等服务事项"跨省通办",加强"跨省通办"政策及流程宣传推广,进一步提升办理便捷度,确保道路货物运输驾驶员从业资格电子证件在全国范围内交互共享和互信互认。

五、强化日常诚信考核管理

各地交通运输主管部门要按照《道路运输从业人员管理规定》(交通运输部令 2022 年第 38 号)《交通运输部关于印发〈道路运输驾驶员诚信考核办法〉的通知》(交运规〔2022〕6 号)相关要求,做好道路货物运输驾驶员的诚信考核管理工作,认真组织开展从业人员诚信考核等级年度评定,并实施差异化继续教育。对年度诚信考核计分优良(AAA 级)、合格(AA 级)、基本合格(A 级)的驾驶员,不得强制要求参加继续教育。对不合格(B 级)的驾驶员,要督促其在诚信考核等级确定后 30 日内,按照规定到道路运输企业或者从业资格培训机构接受不少于 18 个学时的道路运输法规、职业道德和安全知识的继续教育,完成规定的继续教育后,其诚信考核等级恢复为 A 级。

六、切实规范运输经营行为

各地交通运输主管部门要依据《中华人民共和国道路运输条例》及相关配套规章制度,对道路货物运输驾驶员进行日常监督管理,依法查处道路运输违法行为。各地公安交管部门要按照《中华人民共和国道路交通安全法》及实施条例等规定,依法查处道路交通安全违法行为。各地交通运输主管部门要加快推进交通运输行政执法信息系统与道路运政系统的业务协同,加强跨省执法信息互联共享,依法通过诚信考核、公开公示等方式,进一步规范驾驶员从业经营行为。

七、加强改革政策宣传

各地交通运输主管部门要积极会同公安交管部门,通过便民政务系统、驾驶培训监管服务平台,以及有关政务网站、微信公众号、短视频平台等渠道,加强道路货物运输驾驶员从业资格管理改革工作的政策宣传,合理引导社会预期,加强政策跟踪监测,及时协调解决困难问题,确保改革工作顺利落地实施。

交通运输部办公厅 公安部办公厅
2023 年 6 月 30 日

(此件公开发布)